般若波羅蜜多心經講述

夢參

【目錄】

夢參老和尚主講

般若波羅蜜多心經講述

《合輯本》

方廣編輯部整理

弁言

〈般若波羅蜜多心經講述〉，是夢參老和尚在中國北京（二〇〇八）、五臺山（二〇〇七）及加拿大溫哥華（一九九四）三次講經的合輯本。

一九九四年，老和尚在溫哥華開講《般若波羅蜜多心經》，歷三次講座圓滿。他老人家講述的特別之處是遵循《心經》譯者唐玄奘法師的唯識思路，以〈大乘百法明門論〉的名相解析作爲入手處，並二度隨機答覆與會道友的疑問。

事隔十三年，老和尚在中國五臺山講完八十卷《華嚴經》之後，又應普壽寺僧眾之請，講述一系列小品經論，其中《般若波羅蜜多心經》，歷四次講座圓滿。而二〇〇八年春，於北京再講《般若心經大意》。

本書內容由方廣文化編輯整理出版，書中的科判文句，經夢參老和尚過目斧正，並親書〈般若波羅蜜多心經講述〉墨寶，是爲本書之緣起。

方廣文化謹誌

深山中的一盞明燈

夢參老和尚生於西元一九一五年，中國黑龍江省開通縣人。年少輕狂，個性機靈、特立獨行，年僅十三歲便踏入社會，加入東北講武堂軍校，自此展開浪漫又傳奇的修行生涯。

隨著九一八事變，東北講武堂退至北京，講武堂併入黃埔軍校第八期，但他未去學校，轉而出家。

他之所以發心出家是因為曾在作夢中夢見自己墜入大海，有一位老太太以小船救離困境。這位老太太向他指示兩條路，其中一條路是前往一棟宮殿般的地方，說這是他一生的歸宿。醒後，經過詢問，夢中的宮殿境界就是上房山的下院，遂於一九三一年，前往北京近郊上房山兜率寺，依止修林和尚出家；惟修林和尚的小廟位於海淀藥王廟，就在藥王廟剃度落髮，法名為「覺醒」。但是他認為自己沒有覺也沒有醒，再加上是作夢的因緣出家，便給自己取名為「夢參」。

當時年僅十六歲的夢參法師，得知北京拈花寺將舉辦三壇大戒，遂前往依止全朗和尚受具足戒。受戒後，又因作夢因緣，催促他南下九華山朝山，正適逢六十年舉行一次的開啓地藏菩薩肉身塔法會，當時並不為意，此次的參訪地藏菩薩肉身，卻為他日後平反出獄，全面弘揚《地藏三經》法門，種下深遠的因緣。

在九華山這段期間，他看到慈舟老法師在鼓山開辦法界學苑的招生簡章，遂於一九三二年到鼓山湧泉寺，入法界學苑，依止慈舟老法師學習《華嚴經》與戒律。

鼓山學習《華嚴經》的期間，在慈舟老法師的親自指點下，日夜禮拜〈普賢行願品〉，開啓宿世學習經論的智慧；又在慈老的教導下，年僅二十歲便以代座講課的機緣，逐步成長為獨當一面，口若懸河，暢演《彌陀經》等大小經論的法師。

法界學苑是由虛雲老和尚創辦的，經歷五年時間停辦。學習《華嚴經》圓滿之後，夢參法師又轉往青島湛山寺，向倓虛老法師學習天臺四教。

在青島湛山寺期間，他擔任湛山寺書記，經常銜命負責涉外事務。曾赴廈門迎請弘一老法師赴湛山，講述「隨機羯磨」，並做弘老的外護侍者，護持弘老生活起居半年。弘一老法師除親贈手書的〈淨行品〉，並囑托他弘揚《地藏三經》。

當時中國內憂外患日益加劇，日本關東軍逐步佔領華北地區，在北京期間，以善巧方便智慧，掩護許多國共兩黨的抗日份子幸免於難。一九四〇年，終因遭人檢舉被日軍追捕，遂喬裝雍和宮喇嘛的侍者身份離開北京，轉往上海、香港；並獲得香港方養秋居士的鼎力資助，順利經由印度，前往西藏色拉寺依止夏巴仁波切，學習黃教菩提道修法次第。

在西藏拉薩修學五年，藏傳法名為「滾卻圖登」；由於當時西藏政局產生重大變化，排除漢人、漢僧風潮日起，遂前往青海、西康等地遊歷。一九四九年底，在夏巴仁波切與夢境的催促下離開藏區。

此時中國內戰結束，國民黨退守台灣，中華人民共和國在北京宣布成立。一九五〇年元月，正值青壯年的夢參法師，在四川甘孜時因不願意放棄僧人身份，不願意進藏參與工作，雖經過二年學習依舊不願意還俗，遂被捕入獄；又因在獄中宣傳佛法，被以反革命之名判刑十五年、勞動改造十八年，自此「夢參」的名字隱退了，被獄中各種的代號所替換。

他雖然入獄三十三年，卻也避開了三反五反、文革等動亂，並看盡真實的人性，將深奧佛法與具體的生活智慧結合起來；為日後出獄弘法，形成了一套獨具魅力的弘法語言與修行風格。

時年六十九歲，中央落實宗教政策，於一九八二年平反出獄，自四川返回北京落户，任教於北京中國佛學院；並以講師身份講述〈四分律〉，踏出重新弘法的第一步。夢老希望以未來三十三年的時間，補足這段失落的歲月。

因妙湛等舊友出任廈門南普陀寺方丈，遂於一九八四年受邀恢復閩南佛學院，並擔任教務長一職。一方面培育新一代的僧人，一方面開講《華嚴經》，講至〈離世間品〉便因萬佛城宣化老和尚的邀請前往美國，中止了《華嚴經》的課程。

自此在美國、加拿大、紐西蘭、新加坡、香港、臺灣等地區弘法的夢老，開始弘揚世所罕聞的《地藏三經》：《占察善惡業報經》、《地藏經》、《地藏十輪經》與〈華嚴三品〉，終因契合時機，法緣日益鼎盛。

夢老在海外弘法十五年，廣開皈依、剃度因緣，滿各地三寶弟子的願心。夢老所剃度的弟子，遍及中國大陸、臺灣、香港、加拿大、美國等地區。他並承通願法師之遺願囑託，鼎力掖助她的弟子，興建女眾戒律道場；同時，順利恢復雁蕩山能仁寺。

年屆九十，也是落葉歸根的時候了，夢老在五臺山度過九十大壽，並勉力克服身心環境的障礙，在普壽寺開講《大方廣佛華嚴經》〈八十華嚴〉，共五百餘座圓滿，了卻多年來的心願。這其間，又應各地皈依弟子之請求，陸續開講〈大乘起信論〉、《大乘大集地藏十輪經》、《法華經》、《楞嚴經》等大乘經論。

夢老在五台山靜修、說法開示，雖已百歲高齡，除耳疾等色身問題外，依舊聲如洪鐘，法音攝受人心；在這期間，除非身體違和等特殊情形，還是維持長久以來定時定量的個人日課，儼然成為深山中的一盞明燈，常時照耀加被幽冥眾生。

二〇一七年十一月二十七日（農曆丁酉年十月初十申時），圓寂於五台山真容寺，享年一〇三歲。十二月三日午時，在五台山碧山寺塔林化身窯荼毗。

夢參老和尚出家八十七載，一本雲遊僧道風，隨緣度眾，無任何傳法舉措，未興建個人專屬道場。曾親筆書寫「童貞入道、白首窮經」八字，為一生的求法修行，作了平凡的註腳。

二〇一七年冬 方廣編輯部修訂

般若心經大意

北京・二〇〇八

般若心經大意

《心經》的第一個字是「觀」

大家喜歡學《心經》，因爲念《心經》比較方便，文字又少。《心經》完全是修心的方法，《大般若經》有六百卷，擺滿了，大概有這裡書架這麼多，《心經》是《大般若經》的心，就像人的肉體是以心臟爲主，《心經》就含攝了《大般若經》六百卷經文。你能天天讀《心經》，讀完後理解，理解後能運用，運用就是《心經》上告訴我們怎麼樣修行就怎麼樣做，那就能夠得到《心經》。

《心經》的第一個字是「觀」，「觀自在菩薩行深般若波羅蜜多時，照見五蘊皆空」，第一句話是總的。觀是想，觀不是眼睛看東西，而是心觀，心觀是你在想什麼。我們的思想從來不停止，晚上睡覺，心臟並沒有停歇，心臟一分鐘都不能停，照常運動，從你生下來一直到死亡，心臟永遠不停。除非死亡，否則它是不停的。它不停，但是你要讓它上軌道不亂想、依軌道想，想什麼？想一切世間相沒有一件是常的，也沒有一件是眞的，它是不停的運動變化。

人從一生下來，心就開始工作，自己能做主宰，你讓它做什麼，或者讀小學中學大學，看似是你的心讓它去做，其實你做不了它的主，你自己不能指揮自己的心。

學佛，是讓自己的心導入正軌道，讓它想世間是無常；人剛一降生就哭，爲什麼哭？生下來就苦。佛經上講，我們未生前在媽媽肚子裡時，媽媽吃熱的，你的神經感覺像下火湯地獄一樣，在火裡頭燙的苦不堪言；媽媽吃冷的，你就像在寒冰地獄。佛經講，在胎裡十個月，你有知覺，都在苦難當中；生下後，從小孩開始一直到長大，沒有離開苦難。佛經講，從有身體開始，全是苦的，爲什麼要受這麼多苦？過去無量劫來所作的業。

佛經講苦集，苦是你受的果，因爲你做了很多錯誤事情，要還報，苦是報。報怎麼來的？過去因地招感，感到這個報；你若想不受苦，先得把因斷了，別去招感，知道苦別再去做苦的事，叫集。集是集聚的意思，因爲集聚許多錯誤所感的報才受苦。你學佛之後，把它翻轉來，叫出世間因果。世間因果叫苦、集，出世間因果叫滅、道。佛教最初入門叫苦集滅道，滅是證得，道是修行。現在你們聽學到的佛法、看到文字或聽道友講，這是因，這是修道。因感果感到滅，滅是成佛而且斷苦。這是兩種因果，世間因果、出世間因果。

「觀自在菩薩」，觀是想，想什麼？想身體是苦的果，從生下來有你過去無量劫集的因，集中現在你的肉體，所以要受苦，等你觀這些都是苦，想斷就先從你現實生活當中做起，看見什麼都是無常。

五蘊是什麼？觀自在菩薩，照見五蘊皆空，五蘊是色受想行識。色是肉體整個全體，受想行識是心，是色心二法。色是有形有相，受想行識是心的作用，有形有相的肉體，還有你心裡所有活動全是假的、空的，不要把它當眞，沒有什麼好、醜、老、小。這是總說，全是空的，空的沒有實在東西，你貪戀貪不到，最後什麼都沒有。大家可以回想我們剛生下來，帶什麼來？什麼都沒有，就是一個肉體。這個肉體，從小到死亡，走的時候什麼也帶不走，什麼也沒有。

觀自在菩薩，假什麼觀照力量？般若，般若是智慧。當智慧一照，空的、沒有，觀自在菩薩，照見五蘊皆空，都是空的還有什麼障礙嗎？照見五蘊皆空，就自在了。

「五蘊皆空」的過程

「五蘊皆空」的過程，我們先講十八界。我們的眼耳鼻舌身意，對外頭色聲香味觸法，眼耳鼻舌身意叫六根，外頭色聲香味觸法叫六塵，當六根對六塵時候，什麼作用都沒有，但是中間有個識，眼耳鼻舌身意六識，識在中間起作用，根對塵沒分別，這個識就有分別了。眼看這個牆，這牆是白的，或者那是紅的，就分別了，分別的不是根也不是外頭境界相那個塵，而是你中間那個識，假使我們每個根對每個外頭塵境時發生變化，那就壞了。

像我現在老了，耳朵聽不見，聲音的塵跟我的耳根二者沒有生起作用，識出了問題，眼睛也如是。像生來是瞎子，你問瞎子：「看的見嗎？」外頭色相看不見，見還沒識，見到什麼？見到黑暗，光明沒有了，看見什麼？就看見黑暗，什麼也分辨不出來，根壞了，你的識沒有作用。根塵識這三種，等你懂得六根六識六塵，你照見這些，沒有一樣是眞實的，全是假的。人死了、根壞了，耳識、鼻識、舌識、身識、意識都壞、消滅了，這屬於生滅法。

但第八識不壞，「去後來先作主翁」，生的時候肉體沒成，識先來，入胎時候識先入胎，完了漸漸成長，走的時候肉體全壞完了，識不走。爲什麼出家人死後，屍體最少停三天，一般和尚在寺廟裡要擺七天，一直到第七天，識才完全離開，但是並沒有死。在燒化時，識還可以感覺痛，他還守著不死，等色相全部沒有了才走，去後來先都是他作主。這在佛經上講的很深，我們在那時沒法領略人爲什麼要受生，看見都是人，畜生也如是。

是見分 不是相分

現在講觀自在菩薩，行深般若波羅蜜的那個識，就是我們的第八識，前頭六個眼耳鼻舌身意，第七識叫末那識，第八識我們還沒證到，「去後來先作主翁」，在佛教暫時說是「心」吧！那個有一半是眞的，也就是佛教講的性體，一半還是妄，譬如說這些種子是無量劫來都含藏著，八識一半眞一半假，都是從第八識所發生的，無量生所做的事情，像電影一樣一樣都攝受進去，無量劫來種子都含藏在裡面。

《心經》所講的觀自在菩薩，「照見五蘊皆空」，第八識是見分，不是相分。第八識有兩分，一個是見分，一個是相分，相分是虛妄的，見分是眞實的，等證到那地位就是觀自在菩薩，大菩薩了。

觀自在菩薩，爲什麼在《心經》上是「觀自在」菩薩，但是在《法華經》〈普門品〉不叫「觀自在」，叫「觀世音」？《心經》，「觀自在」的時候是自己修，叫自修觀。等到「觀世音」，那是度別人不是自修，聽到別人音聲，幫助、教化別人，所以叫「觀世音」。世間上說一念觀世音，觀世音菩薩就感應、加持，就可以轉化，那個叫觀世音。照見五蘊皆空時，一切苦難都沒有了，只是照，像電燈照見我們的光明，光照，它沒有分別。「照」字跟「見」字有區別、有分別，「照見五蘊皆空」是認識到肉體全是假的，隨時可以消失，認識到空，什麼障礙都沒有，沒有苦了，空中還有苦難嗎？這樣才度過一切苦厄。

修行過程，在別的經上講的很長，《心經》非常濃縮，把六百卷縮成二百六十字；所以觀自在菩薩修行，照見五蘊皆空，這是大般若智，只照不分別，沒有分別意識，照見五蘊皆空，一切苦難都沒有了，度一切苦厄。講苦集滅道，《心經》就這麼幾句話，在別的經上就要好多卷，小乘教義《阿含經》，四部阿含也是講這幾句話，我跟大家濃縮起來說說。

觀自在菩薩說，誰能夠這樣修、誰就自在，大家可以照見五蘊皆空，看一切沒有貪戀，看見什麼都是假的，爲什麼？可壞性，沒有實體，都會壞的。

觀自在菩薩把這些都看破，認識到了，用他的心轉化了。念《心經》就這幾句話，若用小乘教義解釋，需要好幾部經；但在《般若經》，幾句話就包括了，所以說《心經》是六百卷的心，就像指揮我們肉體的中樞神經之心。修行的時候，佛叫我們去做，觀自在菩薩是用照的功夫，空的，但是我們沒有這個功夫，怎麼辦呢？一個一個分析。因爲人都會死亡，山河大地都在變化中。

像我們從小到老到死亡，生下來的時候帶來什麼？什麼也沒帶來；走的時候帶什麼？什麼都帶不走。你的肉體，隨時在變化。在佛的眼光、在修道人的眼光看，隨時在變化，所以說「山中方七日，世上幾千年」。

在《心經》講，時間、地點、條件，空間跟時間合爲一體，沒有空間沒有時間。出家人在山裡頭禪坐，沒有時間概念，沒有黑夜白日，「山中方七日」，在山裡頭住七天，「世上幾千年」，如何理解？他一進入靜止狀態，沒事了。

以不變應萬變

一切事物，一個動態、一個靜態，地水火風、山河大地都要壞的。佛經上講，大三災小三災，災難來了都要壞的，在沒有毀壞之前，我們的觀念、看法，已經把它看成是假的，因爲畢竟要壞。在佛經上講，整個地球是要壞的，隨時都在壞，何況我們人呢！在地球、在中國、在我們這國土能找到一個不死的人嗎？有沒有不死的人？恐怕你找不到，從來沒有不死的人。

釋迦牟尼佛在印度，有位婦女她的小兒子死了，這位婦女認爲她兒子還能活過來，就到處去求醫，但是沒有能醫好她兒子的，別人跟她說：「妳去找釋迦牟尼，他能治好妳兒子。」她就抱這小孩的死屍，到釋迦牟尼那兒。釋迦牟尼佛跟她說：「妳要我把妳兒子救活，妳去給我找一味藥來，就能救活他。」「找什麼藥呢？」「妳到王舍城，如果哪家沒死過人的要他一粒米，只要一粒米，人人都可以給妳的，妳找找王舍城能夠找到七家沒死過人的，拿七粒米來，我就能把妳兒子治活。」婦女就揹著小孩在王舍城問，結果沒有一家沒死過人的，一粒米也沒要到。找了好幾天她明白了，人都要死的，家家都有死人，她就把她兒子埋了。她又回到佛那兒，跟佛說：「世尊！我找不著這粒米，每家都死過人，人都會死的，我知道世尊你也救不活，我已經把他埋了。」佛就給她說無常法，她就開悟，跟佛陀出家，成了阿羅漢。

世間上的人都會死的。我們講《心經》，觀自在菩薩照見五蘊皆空，活著的時候就是這五樣，心色二法都不存在，無常的。第一個讓你認得苦、空、無常，苦、空、無常，無論誰都免不了。但是有一個是常的，什麼呢？你的性體。剛才講「去後來先作主翁」，心靈不會隨變化而變化，他是不變的。所以，「以不變應萬變」，這是佛教的話語，後來流傳到世間成爲俚語。

什麼不變？眞如常住、性空無我，性空是不變的。大家常時聽到，說佛教都是講空的，但是佛教講的空不是世間所講的空，世間上講空，什麼都沒有了，佛教的空不是那個意思，而是把你的煩惱、分別心、妄想空掉，但是還有個不空的存在。佛教講的空不是什麼都沒有，而是說什麼事不執著，任何事情不貪戀，你認識它，它害不到你；不認識它，它才會害你。任何事都明白了，那你能被害到嗎？你不明白才被害。當你明白的時候就知道一切無常，要先這樣觀。

一切是無常的、一切是假的，我們要掌握一個「變」，每個人都會從小變大、變老，還會變沒有了，如能這樣來認識世間，就沒有貪戀，認得無常，就知道什麼也貪不到了。

般若心經大意　竟

般若波羅蜜多心經講述

五台山・二〇〇七

般若波羅蜜多心經講述

【釋經題】

般若波羅蜜多心經

「般若波羅蜜多」又翻智慧，和《金剛般若波羅蜜》相比，多了一個「多」字，那只是譯音。我們一般的就叫「心經」，把「般若」都略了。「心經」全經只有二百六十個字，就語言來講是很少的，卻是《大般若經》六百卷的中心，所以稱之爲《心經》。就像我們所說的心，心就是來指揮全身、代表全身的。

《心經》的譯本很多，一般流通的大概有八種譯本。我們學習佛經的時候，大都是依著鳩摩羅什法師的譯本。還有一部《摩訶般若波羅蜜大明咒經》，這也是《心經》，是鳩摩羅什法師翻譯的。不過我們此處所學習的《心經》，是依著唐朝玄奘法師翻譯的《般若波羅蜜多心經》，這是《般若經》中的一種。

《般若經》的翻譯有八種，名稱各不相同。這八種《般若波羅蜜經》，一般的來說是《放光般若》、《光讚般若》、《道行般若》、《勝天王般若》，還有《文殊問般若》、《金剛般若》、《大品般若》、《小品般若》。

現在我們學習的《般若波羅蜜多心經》，我們看起來很淺，四眾弟子大多數都會背，會背會讀誦是有功德，卻沒有智慧。誦般若、讀般若都能得到福德，但是要開悟，能夠用智慧來指導你的一切行爲，那就難了，那是很不容易進入的。《心經》言語雖少，義理卻是非常的深，因爲它包括的義理非常廣。二百六十個字就包括了六百卷《大般若經》。

《心經》是言少、義廣。例如說我們想要學《心經》，先說你的心，比如心臟，這是就肉體來說的心，這不是勝義的，不過這個肉體的心，你全身最重要的部分就是心臟。說《心經》是六百卷《大般若經》的心，就是說《心經》在《般若經》當中非常重要。這個心是比喻的意思，《心經》這部經就像人的心一樣，你知道心的作用，那你就知道《心經》的作用跟其他的經都不同的，各個經的名詞不同，名詞就代表義理了。

《心經》所詮釋的義理甚深甚廣，是般若之中的深般若。體呢？眞如爲體。相呢？大乘爲相。什麼宗旨呢？以空爲宗。凡是般若都是空，這個空是法空，空一切相。達到什麼目的呢？究竟成佛。這就是《心經》的目的。

這個體就是我們講《大方廣佛華嚴經》的體，色即是空，就是體，空就是在一切相上顯它的實體，一切神通妙用就是智慧。這就是般若。一切諸佛菩薩、大菩薩都是以般若波羅蜜多爲用；般若波羅蜜多就是用，用於什麼呢？利益眾生。

一般說般若的時候，從文字上說的很淺顯，這是文字般若。從文字達到觀照，就叫觀照般若。從觀照般若而進入實相，是實相般若。實相般若就是法身眞空的體，沒有名相，在沒名相之中建立一個假名，假名實相。因爲從假入眞，沒一個名相你不能入，所以叫實相。用心來形容，這是湛寂的眞心，不是我們的妄心。眞心是無相，無相隨緣而建立一切相，所以叫實相。要觀這個，這個就是眞性，眞實實體的，這就是實相般若。

觀照般若從實相而起的妙用，從實相而起隨緣的妙用，這個觀能照一切的事物。這個觀是妙慧，是不可思議的妙慧，也就是《大方廣佛華嚴經》玄義當中的玄。從觀想看一切事物，能夠證到眞空之理，就叫眞空。這個是沒有人我、沒有形相的，是無分別的眞實智慧。這個時候你照了一切法，看著一切有形有相法皆是眞如，也就是眞空。這就是實相即眞相，所以叫色即是空。這就是觀照般若。

文字般若呢？文字是表達的，因爲要表達的理就是佛所說的教，假文字來流傳。如果我們沒有經所依，沒有文字，那我們根據什麼呢？無所學。這就是從觀照般若而產生的玄義。觀一切法界空，空是什麼意思呢？是無分別，從有分別而進入無分別智，照了一切諸法，照了一切諸法都是眞空實義。

實相般若、觀照般若、文字般若，三種般若，但是一相。雖有三般若，卻是一相，什麼相呢？無相。在名字上分三種，實際上是一個，無相。無相就是佛證得的大圓鏡智。

般若義，般若本來就不是中國話，是印度話，般若就是實相的無分別智慧。般若，有時候翻妙慧，有時候翻清淨的淨慧，也就是無相的意思。

這個題目我們略講一下。因爲《心經》的文字很少，講的快一天就講完了，我們準備多講幾天，講的繁複一點，使大家能夠依著《心經》來修行。

心，就是六百卷《大般若經》的心，就像我們人的心似的，你要是能把六百卷那麼廣闊的經文，用極簡單的來觀照，就能夠進入六百卷《大般若經》的中心。其實般若就是心，般若即是心，智慧沒有形相的，慧有什麼形相？沒有的。但是因爲這個心有體有相有用，也就是我們講《大方廣佛華嚴經》的體相用，三者合稱爲般若。

譬如我們講〈大乘起信論〉，以自己的心來起個信，信自己的心。什麼意思？因爲我們從來沒相信過自己的心。我經常問道友們：「你信佛沒信佛呀！」一般的人說：「信佛！」信佛是信佛的像嗎？信佛的心嗎？信佛的經典妙用嗎？我們經常問人家有信心沒有？這個不是信佛，而是說你相信自己的心不？就是這麼個意思。心即是佛，信心即是佛。我們在《華嚴經》裡頭常常講智，智是理的用，理上的用就是把自體、心體，變成智慧的妙用，完了心還照於理，這就是般若的涵義。

【釋譯者】

唐三藏法師玄奘奉詔譯

我們現在講的這部《心經》是唐玄奘法師翻譯的，他是奉大唐天子的命令翻譯的。三藏法師是精通經律論，通達三藏的，以法爲軌則，讓一切眾生都能明白都能開悟了，就是這個意思。譬如我最近看玄奘法師的故事，就拿來跟〈大唐西域記〉中的玄奘法師相對照。

〈大唐西域記〉是玄奘法師自己口述的；玄奘法師的故事則是一個新近作家做的，玄奘法師故事很長，可以單看玄奘法師傳，這不是〈西遊記〉，〈西遊記〉是根據〈大唐西域記〉來演的。因此玄奘法師，我就不介紹了。

【釋觀自在】

觀自在菩薩．行深般若波羅蜜多時．照見五蘊皆空．度一切苦厄。

「觀自在菩薩」在《法華經》中叫觀世音菩薩，我這兩天就想爲什麼《心經》中叫觀自在菩薩呢？《法華經》〈普門品〉叫觀世音菩薩呢？

這些聖人的德號是按他所做的事業來起的德號，這個觀自在是不是自己在修，修成了就自在了。觀世音不是，他是度別人，感化教育眾生的。在這個地方叫觀自在。

菩薩是通稱，一般的菩薩叫「菩提薩埵」、叫「覺有情」，讓一切有情眾生都覺悟，菩薩是通稱，觀自在是別稱，我把它分成了一個自度度他。在印度話叫「婆盧枳底濕伐羅」（Avalokitesvara），「婆盧枳底濕伐羅」翻譯成華言、中國話，就叫「觀自在」。用我們現在普通話講，就是誰觀誰自在，你不觀你就不自在。觀就是思想思惟修，我們每人都在觀，看你觀什麼。

這個觀是你能觀和所觀，所觀是境，能觀是智，智照境，等你觀通了，你就自在了，觀不通還不自在。人人都是觀，但人人觀的都不自在，要觀到十方世界圓明無礙的，那就成就了。現在我們不能夠這樣子觀，觀的都是俗諦，觀什麼執著什麼，不能夠自在也不能夠解脫。能觀的智慧，般若，觀照所觀的境，你怎麼認識的，就是能觀觀於所觀。對世間上的一切，你是怎麼認知的？怎麼認識的？你怎麼知道的？怎麼了解的？觀而後又照，這一觀照就是見五蘊皆空，觀即是照，觀看個什麼？這是眼睛看。菩薩用他的智慧照見，那個照無有能所的，就像晚上黑暗的時候，你點個燈把屋子照亮了。能照的是燈光，所照的是屋子境界相，這兩個沒有，兩個即是一個，有光明就能破除黑暗。觀就是你有智慧認識世間，乃至認識出世間，世間出世間，一法不立萬法皆空，你這個觀就成就了。

一切菩薩圓滿的時候，就翻「菩提薩埵」。「菩提」就翻「覺悟」，「薩埵」就翻「有情」，讓一切有情都覺悟，這樣的觀一切眾生都覺悟了，就沒有滯礙了，沒滯礙就自在了。能觀的智觀於所觀的境，能所雙亡，能觀智是空的，沒有實相，所觀的境也是空的。照見五蘊皆空，觀就是照。這一照什麼都沒有了，唯有智慧存在。

因此「觀自在」這個名字，在《心經》上純粹是自己修。觀世音菩薩對世出世間，由觀照而得的自在，由自在而證得的空性，證得了空性才能自在。他是怎麼來觀照的呢？因什麼而起的觀照呢？因爲他修行，觀就是修行，觀就是行門。他是怎麼修行的？他是行般若波羅蜜多，以般若波羅蜜多來照。這一照，那問題就很多了！我們現在想起觀照，每位學佛的道友都在觀照，也都在修行，爲什麼要修行呢？就是要解決一切困難的問題。

第一個我們什麼都不知道，糊裡糊塗的不認識世間，經文上說「照見五蘊皆空」，「五蘊皆空」只是就你這個肉身來說的，是指色身來說的，是內在。外在的一切法都不離開色聲香味觸，一切色法心法，就是色心二法，當你修行的時候，就觀你的色心二法，觀自己的身體。你身體所接觸的一切事物，賴以生存的一切事物，你怎麼認識它呢？譬如說財色名食睡這五樣，我們一樣也離不開。在佛教說：「財色名食睡，地獄五條根。」下地獄，那是造惡業的，不過我們可以用觀照把財色名食睡轉變一下。

色是什麼色？是觀諸佛菩薩的聖像，觀莊嚴佛國土，這也是觀一切色。相是什麼相？是觀佛像，觀淨佛國土，觀這些相。

受是心裡頭領受的，依佛的教導不領受世間，而是領受出世間的寂靜安樂，這也是領納爲義。行就是運動義，我們這個心經常作如是觀，作如是想，不想世間行。識，我們的八識有兩種的功能，一種是淨法，一種是染法，八識是含藏義，它給一切染淨諸法作種子，一切法總依都依著這個識，但是我們取其淨的一方面，也就是修行。

你行般若波羅蜜的時候，假著般若波羅蜜的力量修行照見，這個是指著觀世音菩薩修行的，觀自在菩薩行深般若波羅蜜的時候，他是照見五蘊皆空的；我們在五蘊上不但空不掉，還愈執愈深，造的業愈來愈重。那跟菩薩是相反的，在我們一起觀行的時候，要返妄歸眞，也就是依著《心經》去修，你能修行就成佛了，不要去依著很多法，依著《心經》的法修行。這一法是甚深的，照著觀世音菩薩怎麼樣修，我們也學習怎麼樣修。

觀自在菩薩行深般若波羅蜜多，就是修行入觀，觀就是想，想什麼？

他想的是「深般若波羅蜜多」。「深般若波羅蜜多」又是什麼呢？眞空，般若的眞空就是深。因爲現在我們無知，沒有認知，我們這個心所有的識都是分別的，不是甚深的般若；這是識別，非了義的。但也是般若，般若是智慧，這個般若智慧，我們只能從淺入手，深的我們現在還達不到。那淺的呢？先觀人空般若，以後再進入法空般若。法空般若要能夠進入了，再觀實相的眞空實相般若，這三種般若我們凡夫可以發大心，直接從眞空實相入手，這就叫超二乘。

菩薩所修的是深般若，他是觀法空，不但人我不存在，法也不存在，一切諸法都不存在。但有言說都無實義，人我空就是世間相，這個般若我們能進入，但是證得還有很大的困難，沒有人我了，八十八使煩惱就斷了，人我是非人間相全都沒有了，但這個是很淺的。深般若必須得達到法空，一切法也空，佛所行的法，聖法，一切聖賢一切經教全不是眞實的，方便引你證入，這是菩薩所入的，眞空實相般若，那是菩薩都到究竟位了，是登地以上的菩薩，證得究竟位的菩薩。

這就是說觀自在菩薩行深般若波羅蜜多的時候，已經得到自在。從觀而得到成就的叫觀自在。我們也想要自在，放下吧！放下了你就自在了。我們總是揹著拿著，心裡日常所思念的就是放不下，人我是非都是用感情、世間相所說的。那你就得修、就得觀，觀的時候把這一切世間的形相，貪瞋癡慢疑身邊邪取戒(戒見邪)這十種，使你不安定，使你煩惱，你把它放下。放下的意思就是進入空的境界，進入空的境界漸漸的深入，從空達到了眞空。

《金剛經》最後就告訴我們：「一切有爲法，如夢幻泡影，如露亦如電，應作如是觀。」那你還得把它觀回來！怎麼觀回來呢？雖然諸法都是幻化的，但是眞空隨妙有、隨一切世間緣來利益眾生，起大慈大悲四無量心利益眾生才能成佛。兩個必須得具足。執有了不了生死，執空也入不了涅槃。這就是眞空包含著不空的涵義，利益眾生的隨緣義。

　　眞空隨緣，在《華嚴經》中我們講眞空絕相觀、理事無礙觀、周偏含融觀。你觀的時候，周偏含融，觀理法界的時候眞空，觀事法界的時候，隨緣建立一切有就是俗諦。眞諦跟俗諦結合了，二諦融通。那種三昧，我們念偈的時候，二諦融通三昧印，那才是究竟的。觀自在菩薩現在做到了，所以說觀自在，他在修觀的時候，修行的當中，一切都看破了，早就放下了。但是眾生卻放不下，他爲了讓一切眾生也放下，因此把自己所修的、所有觀想的都傳授給一切眾生。也就是他所證得的甚深般若波羅蜜，讓一切眾生也照著這樣觀，這樣去觀就能證入眞空的體性。證入眞空體性得到諸佛的無分別智，能夠照他五蘊的身心，照他五蘊的身和心。完了，識，從體而起的用，用還歸體。用還是體上來的，還歸於體，因體而寂然不動的常時起妙用，永遠度眾生。

　　那就是讓一切眾生度一切苦厄！一照就進入了，所以在經上說：「觀自在菩薩，行深般若波羅蜜多時，照見五蘊皆空。」照的是智慧光明照，光明一有了黑暗破除了。你空不掉色受想行識五蘊，爲什麼呢？你沒有這個智慧，遇到什麼執著什麼。這個我們前幾天講《金剛經》講得很多了。《金剛般若波羅蜜經》跟《般若波羅蜜多心經》不是一個般若嗎？六百卷《大般若》就是一個般若，但是對哪一類機就說什麼樣的法，語言文字上不同，這是顯體的，體無二致，體就是一個。

假這個來形容著觀自在菩薩，他爲什麼得到自在？因爲觀就是修，觀就是觀照的意思。我們坐在那個地方思惟修，你想一想哪個是眞實的？哪個有不壞的？沒有。哪有不變的，沒有，就是《金剛經》最後講的「一切有爲法，如夢幻泡影」，影子而已。這個觀很深的，這叫行深般若。但是一法不立，不落斷滅空，要特別注意。在《金剛般若波羅蜜經》上，佛跟須菩提說，不能落斷滅知見，空不是斷滅。所以在《法華經》、在《華嚴經》都講眞空妙有、妙有眞空，兩個涵義是一個的。

因爲在觀自在菩薩行深般若波羅蜜多的時候，他是以智慧觀照，色受想行識全是空的，能入了。這個空是指般若，他修行證得般若智慧，般若智慧是空的。那觀什麼呢？觀五蘊，五蘊是境界相，我們這色受想行識全是假法，不是眞實的。所以就是照見五蘊，照是成就般若智慧了，修行證得了，證得了才有照。以什麼照？以智慧照。這個智慧照就是般若智慧，就是觀，是能觀之智。

這「照」字，在果上說觀自在菩薩成就了，能夠照見五蘊皆空。在我們現在開始用功的時候，在因我們也如是照，那你要分別啊！分別外頭一切境界相，分別它是虛妄的，不是眞實的，可壞的。生老病死苦、愛別離、五蘊熾盛，全是假的，這在因中。你這一照根本沒有，還談什麼？你也不起分別心。到你那個心對一切的色法，色受想行識的法，沒有分別的念頭了，只是在你的智慧觀照之中。這樣你的功夫才入得進去。

但是這個觀得從淺入深啊！譬如現在你感覺你哪一樣貪愛心重，愛財嘛？愛色嘛？這個色包括很多，凡是有形有相的物質都在色法當中。但是我們一般人都把色理解成是男女關係。經上講的色，凡是有形有相的東西都叫色法，因此照見的這個見是眞的。這見性，明心見性的見，不是眼看也不是思想上一般的思惟。你要想依著《心經》修行，這個「照」字就是你下手的功夫，就在這「照」字上，你下手修行吧！你照一照，照見哪個了，哪個不是眞實的，認識它，照見就是認知的意思，你認識它了。

例如這朵花，你一見到它，它必壞，現在很茂盛，但是這是假的、短暫就壞了。它未生的時候，沒有。生了之後不住，很快就變異，變異就消失，生住異滅，異就是它在變化當中。我們人一出生了，都說人成長了，從小孩到大人了；假使這個人活五十歲，他生了，活一年減一歲、活一年減一歲，以你學佛的知見看問題，是滅不是增。在滅的當中，突然間遇到挫折，還沒有到滅的壽命，他夭折了，那就壽命盡了，這叫顚倒。人家說增一歲了又增一歲了，不一定。還有壽命不定，一般說壽命是定的，壽命不是定的。

今天是藥師佛聖誕，《藥師經》上佛說有九種橫死，九種不該死的死了，並不是像人間講的生命，生下來要活五十歲一定可以活到五十歲，要活九十歲我一定活九十歲，那不一定的。損壽了，那就夭折。要想增壽，你就念《金剛經》，《金剛經》是延壽金剛，能使你的壽命增長。

懂得這個意思了，你從《心經》下手的功夫，你在無分別智還沒有產生之前，你先用分別智去照，但是你要向無分別智發展。你照見的這個見不是眼睛，不是眼見也不是眼識所見；這個見是眞智眞見，依著眞智而起的照，照即是見，照見，它是現量境界。在一切任何事物上頭，你取它的體性，得那個法的體性，一切法的體性都歸於眞實的，諸法實性；那你見一切微塵，就沒有微塵可得。見我們這個法堂，沒有法堂可得，這是現相，不是本質。見心不見色，色相是假的，很快就消失的。能見著的它是空的，就是它的體性，這就是見也就是照的涵義。照是沒分別的，一起分別就是識，識才起分別，照見五蘊皆空，五蘊本來就是空的，你不照它也空的。但是你證不得，你照見了，這個照跟那個本來的空結合了，五蘊本來就是空，五蘊即不實的，就是實相。五蘊是不實的，實相是空無，實相者無相，你想用我們肉眼見、用我們淺智淺識見，見不到的。

觀自在菩薩他一照見五蘊皆是空的，直接照見它的體了。我們現在的肉體是色受想行識組成的，也就是色心二法，色是一切形相，受想行識是心法，也就是色心二法，這叫世俗相。世間一切境界相都不是眞實相，若見諸相非相，那個非相才是實相。我們學的時候要這樣觀，觀完了之後你漸漸就能夠看破了。你最貪的是什麼，就觀想這個東西沒有可貪的，能放下了，放下就沒得用處。

像很多修禪定的就是用這個觀，禪定就達到寂靜了。禪定參禪就使你那個念與念間相應。禪就是寂靜義，你靜下來智慧才能顯現。爲什麼參禪讓你靜坐，等你狂心歇下來，參禪就是對付你的心，狂心頓歇。狂心歇下來就是菩提了。

有時候你坐的時候，或你想的時候、讀經的時候，尤其是讀經的時候可能有這種現相，不知道大家有沒有？當你讀經的時候，經書也沒有了，能讀經的人也不曉得到哪去了，心裡突然間因讀經而寂靜下來了，這就叫三輪體空。能讀的人、所見的經的境界相全沒有了，頓亡！能見之見沒有了，能讀的見，讀經得要有見，所讀的經是境界相，能讀跟所讀的突然間寂靜下來，這種境界不長。長了你就證得了，偶爾的一現，一者是諸佛菩薩加持力，一者是你讀經的心，把每個字每句經典的那個分別心突然停歇了，沒有能讀的也沒有所讀的經，這就是照。能照的見沒有了，所照的境也沒有了，經書也是境，也就是色和心當下都空了，受想行識全不存在了。如果能長時下去，你就進入勝境、頓斷五蘊，那就是照了，照見五蘊皆空，一切境界相全沒有。

凡是有形有色的，都是滯礙的，滯礙的東西是不存在的。像我們這假合的身體根本不存在，幻化不實的！要經常這樣的認識，遇著身體受到了傷害，或者害了病苦，感覺痛得很厲害，你照一照！等你的心一轉化，一照的時候痛苦就沒有了！這能夠減輕痛苦，跟我們平常念那個偈頌一樣的，「有覺覺痛」，因爲你有個見、有個感覺，才有痛苦。能感覺的感、所感的境界是兩個東西，不是一個東西。痛只是那個境，你能感的感是不痛的，你把你的能感，把那個境化了，那個境也沒有了，能感的感也沒有了，這就是「心亡境寂兩俱空」。痛苦在哪兒？沒有了！

在你痛苦鍛煉的時候，在平日的生活當中遇著什麼境界，你都這樣想。色受想行識，色是實在的東西，這是它的的涵義；受是你接受領納了，想是你取那個相，它沒有眞實的，你想嘛！你想個什麼，自己就變化一個想的境相，緣想，要六識緣想那六塵的境界，這個中間緣想沒有的，只是緣念而已。

把色受想行識這麼分別觀行，就是我們修行運動造作的意思。識是了達分別，把這個色受想行識一個一個的分析。「色如聚沫」，佛教授我們的。「受如水泡」，受像水泡一樣的，色像水上的聚沫，沫不是眞實的，風一吹水，水面上起那個聚沫，那叫泡。那個是沒有實在的，水泡也是沒有實在的。水起的泡沫，太陽一照，地下地氣生起來、離著遠看像水一樣的，不是水。

你經常這樣想，所有一切緣想的都是幻化的，也就是《金剛經》上講的如夢幻泡影，幻作的都不是眞實的。因爲菩薩是以般若的智慧，以這個智慧來觀色受想行識。色法就是地水火風形成的假相，因和合才有的，不和合就不具足。受想行識是妄想境界，是從你的妄想境界而生的，這叫四大妄想。這四大幻想，都沒有自己的體性。爲什麼？它可以壞。性本體本來就不是實的是空的，所以說四大皆空，地水火風都是空的。眾生不了地水火風都是假相，把它看成實的，就像水裡的月亮是空華，是天上月亮的影子。

我們平常執著五蘊，把它當成實有的，你有很多苦難，就是從這個而產生的。如果你知道是幻化的，沒有一個實在的東西，苦難不存在了。這個東西就是使你迷了你本性中的體性，把這一切幻有的東西當成眞實的，這個是由你妄想心分別的，眞空就愈離愈遠。所以你的修行就翻回來了，以你的智慧照見五蘊皆空，我們沒有這個智慧，你要學呀！現在我們學《心經》就是要產生這個智慧。

如果你把這一切都當成空的，那什麼苦難都沒有了！所以「觀自在菩薩行深般若波羅蜜多時，照見五蘊皆空，度一切苦厄。」苦就什麼也都沒有了。我們經常感覺很苦，我常跟道友說，當你煩惱最厲害的時候，靜下來找一找根源。煩惱是從什麼地方生起的？怎麼會讓自己心不安？等你一找原因的時候，煩惱從何起？何者是煩惱？你就拿不出來了，拿不出來就是沒有了。因爲它不是個實在的東西，你能把你的煩惱拿出來給別人看一看？辦不到。眞正要你找煩惱，你就感覺不煩惱了。所以當你最煩惱的時候，找一找，你就不煩惱了！這是依著經上所說的，你要想離苦得樂，就照一照。一照，苦就離了。

前面我們講到「照見五蘊皆空」，你能把你這個色受想行識五蘊所成就的身心全觀成是空的，那才能夠度苦，一切苦惱都度脫了。不空，那就度不了。怎麼樣度？菩薩是以般若智度的，般若智慧是照，照什麼呢？照見五蘊皆空。菩薩以般若智來觀色受想行識，這一觀就知道我們這個身體是色法、四大假合，地水火風四種假合成的才有，但是還得有心法。這個形相是沒有什麼作用的，得有心。

心是什麼呢？包括受想行識，也就是色心二法。但是這個心不是眞心，是由假的影相而成的，也就是妄想境界相。我們說照空，是什麼法使它成爲空的？他自己的這些法和合的，和合的全是假的，沒有一樣是眞實的，本來就沒有，它本來就是空的。古來的大德形容就像在水裡頭看月一樣，水裡那個月亮，有嗎？那是天上月亮映現的，我們這個眞心有如天上的月，四大假合的猶如水中的月亮一樣。色受想行識五蘊當中的色法，因這個色相而眞空的影子，眞空如月亮。色法就是水裡的月亮，水裡是沒有月亮的，它的體是從哪裡來的呢？是從天上月亮來的。我們這個色受想行識的五蘊，沒有實體的，是從眞空中而來的。我們把它講成是從般若義而來的，這就是所見不同。聖人看到，沒有，但是凡人一切眾生執著爲有。

爲什麼他把那個自性的眞空、空理給迷掉了，把假的當成眞的？這個體法沒有兩個，還是一個。聖人見的不同，凡人見的不同，就算是凡人見的也是有差別的，我們看見的是水，鬼道看到就是火，不能映月的。這就是所見的不同，這就是妄心。一件事情，好多人看都看得不一樣，那就千差萬別了，也就是認知不同。凡夫也好、聖人也好，隨你的智慧、看你怎麼照，這都叫虛妄分別。

但是《心經》上觀自在菩薩他這一照，沒有了，都是幻滅的。這是觀世音菩薩境界，就在這個「照」字上。一照五蘊就空了，一切苦厄都不存在了。因爲你有五蘊的身體，有這色受想行識的五蘊才有個受苦，受苦是五蘊。五蘊空了苦厄就度了，就度了一切苦厄。這就是形容著到彼岸，以什麼到的？以般若智慧。度就是解脫、超越，把世出世間的苦都斷滅了，世間苦是凡夫，到了聖人，二乘人沒有究竟了，他還沒有證得眞空，還有法執，只解脫一部分。所以說，出世間跟世間都有苦。菩薩度脫了一切苦厄，這就是《心經》全經的綱領，也是《大般若》全經的綱領。

你若明白這個意思了，一照一觀就都是空的。一空了一切法不立，就立眞空。當你證得的時候，也就是我們講《法華經》的時候開示悟入了，入佛的知見了，眞正證得了。這證悟的證，不是二乘證果那個證，二乘證果那個證還沒有究竟，他只證得果位，不是證得了究竟眞空，所以有差別。

所以告訴你，眞正證得究竟了，無智也無得，沒一個照也沒個所照，有能照有所照還不究竟的。眞正到了究竟了，無能無所啊！一切經論所說的識的根本，就是我、我執和法執。

身心的總相是眞空，明白這個總相，什麼執著都沒有了，一切法也沒有了，就是五蘊自己本身的體。如果迷了這五蘊自身的體，就在相上取執著。二乘人雖然斷了我，但是五蘊法他認爲是實在的。五蘊法也是不存在的！觀自在菩薩以智慧眼，他照見這些都是和合相，智慧一照什麼都沒有了。人是假名，假名之中再安假名，張三李四，人就是假的再安個假名，然後再按地區分別人，按國家分別人。這全都是假的！人又把它計爲實有，把這個當爲實有，把五蘊的自己的相，當成實有。所以就產生執著，執法、法我是實有的。

其實，人我是沒有的。用那智慧眼一照，假名爲人。你入理的觀察，以眞空的照相機一照，全部是無相，什麼相都沒有的。眞空照相機是什麼呢？就是照。沒有眞空照相機，人間的照相機都是假的，我說這個是假設，假設這個照相機是眞空的，照出來的就是眞空，沒有形相，迷了五蘊的形相，計著五蘊法是眞實的，這是法執。用智慧照，五蘊都是和合的，人是假名爲人，要一部分一部分這樣去觀，你觀你就解脫了。但是你得次第去觀，不能像觀自在菩薩一照就解脫了。

我們要從修行下手，那你得先觀你這個身，先觀色蘊。心，那功夫就深了；先觀這個色蘊，你覺得我們人的骨頭是堅固的東西，那是地大，筋骨都是地大。身上的水分就是水大，人身的暖氣是火大，你的胳臂動一動、腿動一動都叫風大。你觀這四種，把它們分開了，哪個是我？地大，地大單獨不能稱是我，水大單獨也不能稱爲我，火就是暖氣也不能稱是我，風就是運動。五蘊一個一個的觀，以能觀之心觀五蘊的境，了達我這個身體是堅固的，主要是骨頭，它存在的時候是堅固的。但是這個骨頭是不是堅固的？不是堅固的，你把它碰了，它就碎了壞了。死亡了，也就沒有了。這是觀色法。

觀心，我們一般的說領受，你的感覺叫領受感覺。領受的時候，快樂的領受、痛苦的領受，如果受到傷害，你感覺是苦，這是領受。平常你害病，給你扎個針都感覺很痛苦的，這也是領受。現在冬天了很冷，你從外頭到室內，室內若有保溫設備，你就感覺很溫暖。這是心裡的領受。

色身沒有感覺，身是沒有感覺，領受的是心。所以受就稱為心法，了知領受的是心，取形相，看見這個取這個形相，看那個取那個形相，這裡頭就分別了。好的壞的醜的、大的小的、長的方的圓的，多了，反正都屬於你的想。合你的心意的，你想得到，想求知，得到了你高興了。違背你的想，你想了做不到，這又違背你的想。

不論你受的時候、想的時候，中間都有個行。行是運動的意思。苦的，你不願意受，要捨，這屬於行。而受的快樂的時候，你要得，這也屬於行。心的作用，所有的一切幻想，這都是行的作用。但是在你行的運動當中，能夠有取捨的有分別的是識，五蘊就是這樣。

最後是識，識是根據你身心所觀察的相，領受的都屬於相，有分別了，分別當中有取捨，想捨的捨不掉，想取的取不到。因為識的時候你打了很多的想法，這都是識的作用，識的認知，認識不認識苦樂都是識的變化。實際上也沒什麼苦，也沒什麼樂。因為全是空的，有什麼苦樂？把這個一一分析清楚了，五蘊不存在。這叫人空。

第一步，人空了！你再從每一蘊去觀照，譬如色蘊。色蘊是怎麼生的？四大是怎麼產生的？先不說四大了，最根本的是緣，緣生的。我們經常說諸法因緣生，這些都是緣，就那個自性、原來那個體，那是眞的。因爲緣生的法沒有自體，緣生沒有體性，一切都沒有自性。色受想行識都不是自性，千萬莫把識當成自己，性才是自己，識是有分別的，不是空的。性是無分別的，是空的，你想找五蘊的實相，五蘊究竟是什麼樣子？不可得。所以照見五蘊皆空也不可得，根本沒有，當體即空，這叫什麼？法空。觀自在菩薩是照見五蘊皆空，是照，照不是人我相，是照見的法空。這叫人空法空二諦理，二諦理成就了。

我們經常說苦，佛教授我們總說有八種，合攏來就是生老病死。生苦，我們不知道忘記了，沒有感覺。病苦，人人都知道。老苦，恐怕我們這些道友當中，現在聽經的人還沒有什麼老的，你不感覺老，也不知道老是什麼樣子。你看看老的就知道了。這是生之後一定有的。老病這兩個誰也離不開，一定得老。有的年輕就死了，那很好，他沒有老苦了，死得早，不經過老苦就死了。短命的他沒有老苦。病，人人都害病，沒有沒病的人，從來沒害過病的，沒有，任何人都害過病。這個病苦，誰也離不開的。死苦，死了你就說不出來了，你也不知道死是什麼苦。

最近我有一個老徒弟面臨死苦，一有時間我就去看看他，他正在掙扎。那個時候要死還死不了，很苦，掙扎要死，死不下去。眞正修行好的，說走就走，斷絕了八苦。沒有斷絕的，有些最後仗著佛力的接引，像道友的助念接引，把那苦降伏了，降伏了，到臨斷氣的時候很安穩。那時候就沒有苦了，那就斷了老苦生老病，這就是死。

死的時候是什麼樣子？全身每個肢節都在分離，痛苦非常的大。你看人家死的時候，鼻青臉腫，也有歪的，相貌變成非常惡。那是他的業障很重。他死得很安詳，好像他的面部表情沒有痛苦。但是這個時候，人是說不出話來了；我們很多道友給他助念，他也說不出來了。他還想要看看，走的那天早晨，我在他跟前，他一直睜眼睛，我就不讓他睜眼睛，別看了！還留戀什麼！我就拿手抹他那個眼睛。他一睜，我給他一抹。抹了他又睜，我給他又抹，氣一斷，不睜了。他走的時候，好像也沒有什麼痛苦的。

但是他要死的前五六天，痛苦得不得了，說不出來了，眼眉臉上變顏色，表情變顏色，痛苦說不出來。這就是生老病死苦。老苦，你們沒有、不知道；生苦，忘記了不知道，害病都有吧！想想病苦。

生老病死苦這四個你要是不知道，另外四個你就很清楚了。怨憎會、愛別離、求不得、五蘊熾盛。五蘊就是每一大，地大偏盛，你長疱長癤子長瘡，地大多了。水大偏盛，大小便禁止不了。老年人就感覺到水大偏盛的苦難，這都是苦。每一大偏盛使你都受不了。風，今天有人跟我講痲瘋病是風，風的病很多，風就是把妄心的識失掉了，妄識都死亡了，咬他的身體不痛苦。咬手指頭、咬什麼，他混身爛了，心瘋了，這就是心瘋的風病。得了這個病就要隔離，傳染性很大的。

在生老病死苦當中，有的還不大相信，身沒受到的不相信。愛別離，這個每個人都可以感覺到。你喜歡的、你最愛的父母妻子，特別是談戀愛追求不到的時候，他感覺很苦。但是你所愛的東西丟了，你所愛的人不在了。凡是有愛的，在別離的時候，你非常痛苦、捨不得，捨不得非捨不可，特別是死亡。

過去的古人有這樣的情況，他的太太死了，別的親友哭，但是他一點表情都沒有。別人說生的時候彼此情感那麼好，怎麼他太太死的時候一點表情都沒有。隔不到一天，他也死了，他之所以沒有表情，是因爲心神喪失了，心死了身體才死，這叫愛別離。

每個人都可以想到，當你出家的時候，爸爸媽媽願意的還好，爸爸媽媽不願意就苦了！正談戀愛的而去出家的沒有，談戀愛失敗了，戀不成了，這個打擊可大了，當和尚去吧！或者當比丘尼去吧！這苦啊！愛別離，所愛別離的時候，這個苦就大了。你的冤家，不喜歡見的，一天也離不開，非見不可。這類故事很多。那個痛苦也跟愛的差不多，你愈是不願意見，愈是每天離不開。怎麼辦？愛別離、怨憎會，這個我們都可以理解。

五蘊偏盛也就是五蘊熾盛，哪一大偏多了，你沒辦法就得找醫生看，有時候醫生也是看不好的。五蘊熾盛、愛別離、怨憎會，還有一個求不得。你想得到的東西求不到，現在我們大家共同有一個痛苦，什麼痛苦？想求成佛，得的到嗎？那是億萬劫的事，但是我們不認爲是苦。你求的過程當中必須經過多少的苦難，從脫離世間乃至離開家；完了又想修道，修道還得學。學完了還得修，修的時候很多苦難！完了，在這個娑婆世界五濁惡世，想離世間的分段生死不是那麼容易的。

還有聖人證得阿羅漢果，阿羅漢了了生死，他了的是分段生死，但是變異生死還在！聲聞緣覺雖然是分段生死沒有了，一段一段的生死輪轉他沒有了，但是他還有變異生死。我們生到極樂世界方便有餘土，還有變異生死。但是仗著蓮華化生，五蘊四大這些苦處，八苦交煎全部沒有了！那是假佛力的加持，以及你自己修的善根力；因此每一位還有一個變異生死，無明塵沙惑還在迷惑當中。

我們講《華嚴經》是一位一位的講，從你發菩提心入了初住，世間苦就斷了。但是一位一位四十二位都還有苦難，到究竟成佛才沒有了。那是隨你所作的業，隨業，那就是無明塵沙。我們在經論上講得不太多，因爲他跟凡夫、跟二乘人不大相應的。那個苦難不是我們所能知道的，菩薩還有無明惑，觀自在菩薩他沒有了，無明惑都斷了，他一照見了是照見眞空絕相，什麼苦難都沒有了。

【釋眞空絕相觀】

舍利子．色不異空．空不異色．色即是空．空即是色。

《般若波羅蜜多心經》的當機眾是「舍利子」（Sariputra）。舍利子就是舍利弗，佛的大弟子，別名舍利子。須菩提跟舍利弗都是佛的上首弟子，都是修空觀的，在弟子當中成就很大。《心經》是觀自在菩薩跟舍利子說的，他在如來弟子當中智慧第一，智慧很大的。

舍利子是智慧成就，舍利子是印度話，他生在印度的南天竺。父親是個大論師，母親也是個論師。以前他媽媽跟舅舅辯論，他舅舅總是贏的，等到他媽媽一懷到舍利子，他的舅舅不行了，一直都是輸的。他舅舅那時是梵志，晝夜不停的學，想要趕上他的外甥。等他外甥一下生了，他跟他外甥鬥法的時候一定輸的，所以他拼命的學，在印度叫長爪梵志。學的連剪腳指甲手指甲的功夫都沒有，這說明他舅舅用功的程度，這是個故事。舍利弗是婆羅門種，高貴的種姓。

「舍利子」，「舍利」是他媽媽的名字，「子」是他的名字，也就是舍利的兒子，把他媽媽的名字加上來叫「舍利子」，翻成華言就是「鶖鷺子」，「舍利」是指「鶖鷺」。

不過，我們經常所說的舍利子，是講佛的舍利，也就是佛的身。你看見佛的舍利子就是佛的身，羅漢的舍利子就是羅漢的身。在西藏，成道的人很多，歷代都有舍利子，彼此混淆了，都當成佛的舍利子。佛的身體所變化的，化身有舍利子，報身沒有，佛的報身是空的，德行的，佛的法身根本沒有舍利子，全身都是舍利。舍利又翻堅固的涵義，翻譯的名詞很多，這個我們就不解釋了。

觀自在菩薩跟舍利弗說，你要懂得一個道理：「色不異空，空不異色，色即是空，空即是色。」

前面「照見五蘊皆空」是總說的，現在觀自在菩薩分別跟舍利子講，你看見單是有形色的，它跟空不兩樣。形色是空的表現，你看一切相，相即是空。「不異」就是相跟空不是兩個，色跟空是沒有差別。翻過來說，空跟色也沒有差別，異是不同，沒有什麼不同。不但沒有差別，色即是空。你看一切色相，它的本體沒自性就是空的，空也只是色的表現。換句話說，色受想行識五蘊，前面說五蘊皆空，分別說，這太籠統了，眾生沒辦法攝受。觀自在菩薩又跟舍利子這位當機眾說，色受想行識五蘊的眞空。先舉色法說，「即是」就是沒有差別，沒差別就是色即是眞空，眞空即是色，就是這個涵義。

但是這個空，並不是離開色，另外有個眞空。色就是眞空，離開色外頭的空，那是斷滅的，那叫斷滅空。佛不說斷滅的，我們在《金剛經》講過了。離開色的那個空，不是凡夫所認為的那個斷滅空。所以說色當體就是空，不要離開顏色、離開形相來說空。形相本身就是空，那你認識什麼？認識色是幻化的，我們講完《金剛經》你就懂得了，如夢幻泡影。色是幻化的，幻化的色即是眞空。一切法相、一切有相的東西，以色為主，有相就是五蘊的色，它是有相的，受想行識無相，那四個是無相，所以單舉色。五蘊的空，舉色的空不是離開顏色，另外有個眞空，顏色就是空，但是不是斷滅的。色即是空！顏色的空有形有色的，都是要眞空。

翻過來說，空中的色相是幻化、是幻色，一切的法相全是幻化的、沒有眞實的。要這樣來理解，譬如人的四大就是以色爲主的，地水火風全是相。你先從這個來認識下手，你平常的起心動念，完全是妄想。妄想就像風吹的一樣，不是眞實的，迷了，迷了就是追逐一切色相，所以才有苦。一迷了，伴隨你的全是苦。佛教我們觀，觀世音菩薩代表觀，就是你觀想照，思惟思惟，照什麼？照這些個幻。虛幻的有法還是有的，都把它作虛幻的觀想。還不等到變化，就是現在、就是虛幻的，不等它消滅了才能說沒有了，不是的。拿大海來比喻，那個海浪把海作爲眞實的本性，海本來沒有浪、很平靜的，它因風而起的浪，哪裡有小風、海裡就有浪。但是海裡沒有沒風的時候，無風三尺浪，海裡你感覺沒有風，它也有三尺浪高。

這是形容，你如果用智慧來觀，這叫觀慧。這個觀慧的智慧是什麼般若？以般若的智慧來觀。觀什麼？觀一切的形相。那個般若智慧一照，什麼相都沒有，還是空的。用般若智去照，所照的是空的，在有相的身認得無相身，無相身是法身。在無相身顯現的都是幻有的身，幻化身。

我們舉個例子說，水遇著寒冷變作冰，冰是凝固體，水是流動的。但是冰要一化了還是水，冰是假相，冰沒有個本體，是水成的。但是你懂得了，水上起風一吹，波浪就起來了。但是那個波還是水，水生的波，波不異水，水不異波。色不異空，空不異色，這個涵義是一樣的。

我們在有相的身體來觀想無相的身體，這就是照。你用智慧去照，還有一個沒有形相的身體，那個才是眞的。你要是能懂這個道理，那就還原於眞空。我們講華嚴的道理很多，就是講這個的。因此才說空不異色，眞空就是萬法的根源，從眞空生起了一切色。一切的色相都沒有離開眞空，眞空是不變的。所以說空不異色，空徧一切色相。再翻過來說，色即是空、空不異色，翻過來色就是空。這就是色即是空、空即是色，色不離空，用不離體，體還歸於用，這是說空色不異。

爲什麼？色本身不存在的，是幻有的。色就是空，色即是空，空沒有什麼言說的，也沒有什麼顯現的。怎麼表現？空即是色，色表現的就是空的意思。什麼叫不異？這就叫不異，不是兩個東西是一個東西。一個東西具足了色空，我們凡夫的知見，空就是沒有，有就不是空。現在佛告訴我們不是這樣的，你看到有的時候就是空。因爲這個有，沒有體性，它是幻化的，隨時就滅了。

小孩玩的時候，拿個竹管子吹那個水，水起個泡，泡若滅了就沒有了。泡就是水，水的氣體。說明了空色不異的道理，不是兩個，它是不異的，就是這種道理。

一般的人分不清楚因跟果。我們單講過〈性空緣起〉，因爲這樣就容易明白了。空就是本體、性空，色是緣起，依著什麼緣起的？因著性空有緣助成了，空就變成有了。有是幻化的，幻化滅了還歸於空。空即是色、色即是空，是在這個涵義上說的。因爲色是空，幻化的色。所以色沒有，空又怎麼顯現空呢？因爲幻化色，知道幻化的色，看形相，我們凡夫的知見不是空，幻化的是有。這個有不是眞有，是幻化的有。

所以一切的有都是幻化的，但是這個迷惑是很重的，迷得很重很重的，是他的空性。無明跟實性，他不容易斷無明的。這得到了十地以上的菩薩。我們講《華嚴經》，十一地菩薩斷了無明，才到這種境界的。觀自在菩薩當然是斷了的，假觀自在來認識「水即是波、波即是水」的道理。

佛教的名詞很多，實、權，權是善巧方便，是佛說法讓眾生能夠進入，是善巧方便的意思。你要是明了「色即是空、空即是色」這一段經文，開悟了，你就明白了。但是不是你證得的，你能解得都很不容易了，解得就是在心裡把有跟無這個問題定得很清楚。你一看，有不是無，無也不是有，但是你要學《心經》，有即是無無即是有，這樣你就很容易了。說空眞空，眞空無相，那你怎麼知道空？從有相認識空相，這樣叫「色即是空、空即是色」。

【釋五蘊法空】

受想行識・亦復如是。

色蘊，五蘊的第一個蘊。受想行識呢？一樣的。受即是空、空即是受，想即是空、空即是想，行即是空、空即是行，識即是空、空即是識。五蘊法都如是，色法如是了，受想行識也是這樣。舉一個，其他都說了。跟前頭比，你就可以這樣說，都可以把五蘊這樣套。爲什麼要假這麼多的說明，不說明眾生如何能入得進去？眾生是入不下去了，入不到的。

般若的智慧就是啓發一切眾生本有的智慧，先由我們最注重的入手，我們最重視就是我們的身體，先從這裡下手。讓你認識，這個認知就是把觀自在菩薩照見五蘊皆空，照是怎麼照的？就這麼照的。幻化的身、幻化的心滅了，幻化的身心都滅了明白了，幻滅眞現，眞的就顯現了。

因爲你先滅身，身滅了，心的執著也就沒有了，幻心滅了，外邊的境界相一切的塵相都沒有了，這是心。心就是什麼？我們所說的十八界，十八界的識，我們眼根對待外邊的色塵，六塵境界色塵，一切的色法眼根對著的。聲香味觸都對著受想行識，六根對著六塵，但是六根對六塵的時候沒有分別，中間有個六識。這就是我們講法數的十八界，你把這十八界認清楚了，一切法，你就清楚了。現在是總說，五蘊都是空的，除了你的身心，全是空的，就是你的心觀外頭的境，五蘊皆空了，那你能觀五蘊的這個心也是空的。境沒有了、心亡了，心亡了境寂了，這個時候你成道了。心亡境寂，一切諸法皆不存在，這樣你就成道了。成道了就是證得眞空理，超過二乘，當下你就超過二乘，大心的凡夫勝過小乘的聖人，根本的道理就在這裡。

凡夫能觀心受心法，當下即空，二乘人不行。二乘人非常執著，放不下，他執著，他認爲自己已經得到人我空。他認爲究竟了，但是就惑業上說，他還有塵沙惑，還有無明惑，他還有迷惑，還沒有清淨。所以觀自在菩薩才跟舍利弗說，你好好想一想，你所證得的不是究竟的。就這樣跟他解釋了，這兩個全是空的。空有形相沒有？有！什麼是空的相？所以觀自在菩薩又跟舍利子說。

【釋離相真如六法】

舍利子．是諸法空相．不生不滅．不垢不淨．不增不減。

什麼是諸法？什麼是空相？諸法是有，諸法的空相是什麼？諸法總說就是前頭所說的五蘊，色法，一切形相就都包括在內了。受想行識是心法，就是色心二法。但是這些法，所有的形相都是假的。

經文上說它是空相，空相是什麼相？眞空實相，就是觀自在菩薩證得的照見五蘊皆空，證得的那個實相。拿什麼照？他證得了般若智慧，般若智慧照的，這是眞空。光說眞空也不行，還得說說眞空所觀照的境！眞空所對的境是什麼？所以要解釋諸法，這是講諸法的體，諸法的空相是什麼樣子？不是生滅法，不是染污垢淨，也不是增減法。這裡舉六個，三對六法。

空相就是眞空的實理。觀自在菩薩能照的那個照，用那個一照就知道諸法空相。那個照就是般若智慧，那個般若智慧就是空相。智慧本身是空相是無相，這是解釋諸法空相的。諸法空相有沒有離開諸法？要是離開諸法，還說什麼空相！但是又不是兩個，諸法空相即是諸法，諸法即是空相，你若做兩個解釋就錯了。離開諸法去說空相，離開諸法還有什麼空相可說呢？眞空之相是什麼樣子？就是諸法。這個大家要參一參，多想一想。

現在你用心裡的思惟去面對一切境界相，這些境界相都在色法裡頭，就是五蘊法裡頭，五蘊法就是心法、色法，離不開這兩個。有上顯空、空中顯有，二邊都不存在了，眞空不隨緣了，那叫離相眞如。這個道理不是一時之間就能明白的，得要多思惟。

《心經》上告訴我們，就是你要修，怎麼修呢？觀。怎麼觀呢？想。

對我們來說就是想，你就好好想一想吧！假使沒有我的身體，你觀想成熟了成功了，沒有身體，你可以到忉利天上看一看，到大梵天看一看。你可以一念間就到了極樂世界，到那裡先參學一下子，然後再回來。你可以來去自由！五蘊皆空了，般若智慧的光明就放出來了，完全是智慧。

我們生到極樂世界去，早晨起來一睜開眼睛，先到十萬億佛土供養諸佛，回來再到極樂世界吃早飯。你把這個觀想想一想，怎麼到的？豈止極樂世界，你假使一作意，無量世界都在你的思惟當中。但是這不是你的妄心！妄心思惟到不了，妄沒有妄，你怎麼修？藉假修眞！眞得到了妄才消滅掉，你的妄消滅掉，隨眾生妄緣。

觀自在菩薩他照的不是在娑婆世界，他到娑婆世界助釋迦牟尼佛揚化的時候，跟舍利弗說，有沒有舍利弗？大家想想，觀一下。舍利弗是空的，對誰說？他自己也是空的？能說所說都是空的。但是這個是執著，說空說有都是執著，非空非有才是眞正解脫。

「舍利子，是諸法空相，不生不滅，不垢不淨，不增不減。」生滅是相對的，有生就有滅，這都是相對法。有垢就是不乾淨，那就有清淨。不增，增是增多，減是減少，或者滅了。這個「諸法」是指什麼說的？前面已經講過了，就是色受想行識，這五蘊包括一切法。世間一切相，離不開這個。一個色就包括無窮無盡的相，空相是什麼樣子呢？空相是拿有來比較的。這個空相是沒有比較的。這就是我們講的實相，就是一切諸法，眞空實相。

這個空相，以前解釋色受想行識的五蘊法，那是幻有的，幻有不是眞實。但是幻有非有，非有就是空的，那就是眞空。空有相有沒有呢？什麼是諸法的空相？這個諸法的空相，就是指著眞空說的。諸法的本體是什麼？那就是空相，眞空之相。

有時候你坐著思惟修的時候，自己觀想，在你想的當中就是空相。當你思想空寂的時候，一動念你想到北京，北京相就現了。但是這個相不是眞的，是心裡想的。你到過上海，一想上海就現了。但是你想的都是你去過的地方，有個印象，沒有去過的地方就想不到了。特別是想你的出生地，你生在什麼地方，乃至哪個鄉村，那個鄉村的一草一木一山一水，你清楚得很，一作意就現了。這是在你的心中、意識當中所現的假相，假相不是眞實的，假相是虛妄的。有沒有假相？說沒有，你心裡頭能勾畫出來！似有，這個有不是眞有，因爲有那個眞有，你才能想像的出來。

要是你從來也沒有去過，是聽人家說的，你就顯現不出來了。例如大家念《地藏經》，知道忉利天是什麼樣子？你也沒有去過，想像而已。四王天是什麼樣子？你沒有去過，所以這個相是指著諸法的時候。你修的時候去觀想，觀想你就可以體會得到，全部都是假相。

我們讀《地藏經》，前面有個〈覺林菩薩偈〉，這是出自《華嚴經》。〈覺林菩薩偈〉就說你這個心能畫出來很多色相，但是心不是色相，色相也不是心。你想想這個吧！這是非常的微妙，譬如畫畫，得心裡想，但是心裡想了，可心裡並不能畫，得要靠手來畫。手來畫得有顏色、得有材料，沒有材料也不能畫。所以這幾種，心不是彩畫，彩畫所畫的畫也不是心。所以「自在未曾有」。

我講這些的意思是我們要想入般若波羅蜜眞空，你先由世間相想，想完了形容著這一切是虛妄的，在生滅的時候顯現一切法，從生到滅。不生滅的時候，原來也沒有了。當你在心裡頭作意的時候，一切相宛然現前。不作意的時候，這些思想都沒有了，打妄想的時候有一切相。妄想不打、靜下來了，什麼都不想，什麼也沒有了。

諸法的空相，我們前面都講五蘊，就是五蘊的空相，五蘊空相沒有，就是你的心念而已。不生不滅、不垢不淨、不增不減，空相是什麼樣子呢？不生不滅、不垢不淨、不增不減，這個就形容著諸法眞空的相，這叫法空相。

因爲講空，講空相是對著一切法說的。如果你不對著一切法，你說空相如何理解？怎麼講？這是在諸法當體上看，即是眞空之相。我們經常拿水跟月亮來比喻。水中的月影，你說有生相嗎？影子是沒有生相。在實相的理體上是沒有生滅垢染，沒有這些相，沒有這些相對法之相。不止這個世界的法，佛所說的正法，四諦、十二因緣、六度、四攝，只是對機而言說的，讓你達到返妄歸眞。我們要是能夠認得什麼是妄？什麼是眞？光這一點就很不容易了。

當你從《心經》上學，你不能進入。那你就從〈大乘起信論〉入手，一個生滅門一個眞如門，一心二門三大，你從這個去分析，一滅一如，生滅歸於眞如，眞如而起生滅。你從這個道理漸漸就能入了。不然的話，你從《心經》上來學，你不能進入的，得從十二因緣緣起法，才能夠進入。《心經》是扼要說的，一切法的因果垢染是怎麼樣流轉生起的，完了我們在修行當中還滅，那就是四聖諦法的還滅，也就是道諦、滅諦。生起的是苦諦、集諦。苦是果、集是因，道是因、滅是果。一個是世間的因果，一個是出世間的因果。世間的因果就是流轉，出世間因果就是還滅。

我們講《華嚴經》，在〈妄盡還源觀〉中講還源。現在我們要歸眞如實際，色即是空、空即是色，受想行識亦復如是。這個就是歸於眞際，隨著染法流轉而常淨，染不能染。隨著染法流轉的時候是不淨，但是它的本體不增不減，是永遠清淨的。在染仍然是淨，這個道理比較深。

因爲一切相一切色法是從緣起的。我們現在講眞空義，眞空是不生的，眞空是不隨緣的，眞空不生就是色又隨緣而滅，一切色相隨緣就消失了。這個道理得靠思惟修，從現相上是不行的。我們的眞心是永遠沒有變化的，雖然是生生受身、六道輪轉，但是你那個眞心是不染不淨，也非染也非淨也非障礙，沒有什麼障礙能把它障礙住的。滅道障盡了，障根本原來就沒有，滅道也不成立諸佛。

成佛了，功德圓滿了，也沒有增加什麼；眾生在六道輪轉也沒有消失。這個道理就很深了，不是我們用一句語言就能進入的。所有的一切相都是眞空之相，所以此中所講的空相是諸法空相，要這樣來安立的。諸法空相是什麼？就是眞如實際。眞空之相是什麼？眞空之相是究竟空的，什麼也不是，但是一隨緣就什麼都是了。

【釋根塵識十八界十二緣起】

是故空中無色．無受想行識．無眼耳鼻舌身意．無色聲香味觸法．無眼界．乃至無意識界．無無明．亦無無明盡．乃至無老死．亦無老死盡。

因爲這種原因，所以說空中無色，空裡頭哪有色相！沒有，是沒有色相的，也沒有受想行識。不但沒有色法，心法也沒有，眼耳鼻舌身意都沒有了。眼耳鼻舌身意是六根，色聲香味觸法是六塵，乃至於眼界耳界鼻界舌界身界意界，這叫十八界。六根六塵六識，三六一十八。

「是故」，就是因爲這個緣故，發明了諸法空相。不生不滅、不垢不淨，就是這個道理。但是所舉的法相名詞也很多，也就是在法相形相當中講，說這些形相全是空的。六根跟六塵，根對塵相合了，叫根塵相合。根塵相合當中沒有識的變化，識的認識，什麼效果都沒有。是因爲識才生起作用，識是能起作用的，大概沒有眼耳鼻舌身意六根，識就沒作用了。沒有根了，還有作用嗎？所以識必須得因根，六根得對待外邊的六識境界，得對六塵形相。如果失掉一方，這方也就不立了。

我們一般的講界，說此疆彼界，要劃個界限，你不能超過這界限。但是你達到了，超過界限了。例如我們眼睛能看而不能聽，要是你達到眼根圓通就行了。眼能代表耳，眼也能代表鼻，眼即是法界性。但你得證得了，不證得就不行。

在《楞嚴經》上講二十五圓通，觀世音菩薩用耳根聞，什麼都知道，不用眼睛看。耳根一聞就知道紅黃藍白黑，六根互用。爲什麼？圓融了。

六根一根通，六根都通了，達到究竟了。爲什麼？那個就是證得空相。你從耳根入證得空相，從眼根入證得空相，一樣的意思。

例如說我們在那燒水，眼睛看見水冒泡了，知道水燒開了，是這個樣子的，水冒泡才開。可是你看那泉水永遠在冒泡，是開的嗎？不是開的。這個涵義說眼睛看的是虛假的。那個認知指揮眼睛，我們一般認爲開水都燒得翻滾，但是泉水就不是這樣，它雖然也是翻滾的，但不是開的。眼見的有時候是假的，你看的這個現相，這個現相不是眞的。

我記得北京西山的玉泉山跟紅石山，這兩個是相對的。有一次乾隆皇帝出了北京城到郊外旅遊，就走到這個地方。他看見紅石山，就說：「紅石山稀糟梆硬」，看那石頭會掉渣，但是拿塊石頭想雕刻什麼，都不行，那個石頭硬得很。看現相是稀糟的，但是石子是梆硬的，也就是「紅石山稀糟梆硬」，跟你眼見的現相是相反的。那時候劉鏞擔任宰相，跟著乾隆皇帝。乾隆皇帝說：「紅石山稀糟梆硬」，下一句自己想不出來了，就跟劉鏞說，「你給我對上！」劉鏞很有才華的，他說：「玉泉水翻滾冰涼」，那個泉水是有名的。「紅石山稀糟梆硬，玉泉水翻滾冰涼。」

我們要用心法來觀。我們經常說「耳聽爲虛、眼見是實」，這句話不可靠。眼見也不是實，耳朵聽的是假的，你眼睛看見的也是假的，沒有一樣眞的。明白這個道理，任何事物你都能得到解答。這種要智慧。我剛才講這些故事，要大家體會到一個，心啊！智慧是般若產生的。

例如說看到一切境界相，當時對這個境界相的認識是很片面的，坐在屋子裡頭，看到房子外頭下雨，下的雨就滴到那個房簷上，那房簷上又把水滴下來。這兩個老頭在這就作對了，「滴水簷前簷滴水」，說水滴到簷子上了，簷子又往下滴水，下一句怎麼對也對不出來！

這兩個老頭就研究這個「滴水簷前簷滴水」。有一個老頭的兒子，才五歲，他上學去了。早上讀書從那裡走過，看見他的老爸跟另一個老先生在那裡：「滴水簷前簷滴水、滴水簷前簷滴水」。等到他上學回來了，那兩個老頭還在那裡「滴水簷前簷滴水」。小孩說：「您們兩個老人瘋了，在這裡幹什麼？」他說：「小孩子曉得什麼！」「我知道您們在這作對，上對出來了，下對對不上了。」他老爸就很驚奇說：「你怎麼知道？」小孩說：「我當然知道，早就給您們對好了。」

那兩個老頭很驚奇的說：「你怎麼對的？」小孩說：「您們看看對面的山！」兩個老頭說：「對面的山沒有什麼！」小孩說：「對面山凹有個缺口，看見沒有？」「是啊！山有個缺口，這跟這個對有什麼關係？」小孩說：「我給您們念一念！『滴水簷前簷滴水』，那個水滴到水簷子，所以下水。那兩個山是飛雲，雲在那裏，『飛雲渡口渡飛雲』！」

這全是世間相。明白嗎？兩個都是空的，但是空中有很多微妙的不可思議。我小時候愛看這些對子，愛學這些對子，自己也跟和尚來作對子，感覺這裡頭都有空義，非常微妙。這就叫智慧。

我還想起一個明代的才子解縉（公元一三六九～一四一五），安徽人。五歲的時候，他父親帶他到長江邊上去洗澡，長江邊上有條小河叉，就把這衣服脫下來了，往哪擱呢？掛到老樹上。他父親就跟小兒子說：「千年老樹為衣架」。這老樹一千年，只能給我們作衣裳架子，把衣服掛那兒了。讓這小孩對，這小孩應口就答上了：「萬里長江作浴盆」。千年老樹只能做個衣裳架，這個萬里長江只作我們一個洗澡盆子，微妙吧！古來的文字，你看那古人做的，現在的人沒有這個才華。

還有一個小女孩，東晉時代的謝道韞。她一出口就是詩，就是對。她的父親故意的吆喝她，「從此不許妳作詩，妳再作詩我就打妳。」謝道韞五歲能詩，五歲作的詩，成年人學多少年都作不到她那詩的程度。她父親給她下了命令，不許她作詩，她就不做了也不說了。有一天早晨，她掃庭前地，古來的大家庭孩子都要鍛煉的，自己都要勞動的，做些小家務事。五歲的小孩，她拿個掃把掃地，掃庭子前面的地。她說，「慢掃庭前地」，慢慢地掃庭前的地。「輕挪篩中雞」，庭子前面有她自己養的小雞，小雞有個籠子。她說：「慢掃庭前地，輕挪篩中雞」，輕輕的挪那篩裏的雞。她父親聽見了，「不叫妳作詩，妳又作詩！」她說：「分明是說話，又說我吟詩！」千古絕句，大家想很簡單，「慢掃庭前地，輕挪篩中雞，分明是說話，又說我吟詩。」正符合平仄、押韻的規則。

我以前喜歡把這些當成心法！所有一切境界相，應口而出，不要思惟。大家讀過唐詩，「滕王閣序」，知道這篇文章嗎？寫這篇文章的是王勃（公元六五〇～六七六），年紀很小。「滕王閣序」中有兩句話非常高明，那個境界非常微妙。哪兩句話呢？他形容天空中天的氣色，晚上天將要黑的時候，在這個時間，傍晚那個太陽光輝沒有了，但是有非常特殊的霞光，落霞就是傍晚的霞雲。晚上要歸巢的仙鶩，看起來非常的霧緲。他就以這個境說，天上的落霞跟孤鶩，孤鶩就是孤雁的意思，「落霞與孤鶩齊飛」。那個時候正值秋天，秋天的水跟天上的雲彩是一樣的，「秋水共長天一色」。秋天晚上的水跟天上的顏色是一樣的，「落霞與孤鶩齊飛，秋水共長天一色。」

後來他坐船經過四川，要到越南看他的爸爸。那時候越南叫交趾國，他爸爸作交趾令。他過長江的時候淹死了，淹死了以後，長江裡頭經常聽見有鬼就念這兩句話：「落霞與孤鶩齊飛，秋水共長天一色。」王勃是唐朝人，自此以後，長江在月明人靜的時候，坐船的人就會聽見有這麼兩句話，是鬼念的。後來有一個讀書的老學究也是專門研究古文的，他坐船經過長江，他就聽見了！那鬼就念：「落霞與孤鶩齊飛，秋水共長天一色。」這位書生就跟他說：「王先生，你這兩句話並不怎麼高明，別再念了！秋水長天一色，落霞孤鶩齊飛，不是更高嗎？要『與』、要『共』，作什麼呢？有『與』、有『共』，是兩件東西，秋水跟長天是兩個，你不要這個中間介詞，就是一個了。秋水就是長天，長天就是秋水，就是秋水長天一色，落霞跟孤鶩是一個，落霞孤鶩齊飛。」打這之後，那鬼的聲音就沒有了。

我看見古人這個記載，就想起我們的心。心跟一切有法，空和有就是這個涵義。這叫意境，沒有境界的境，二爲一，空即是色、色即是空，秋水長天一色、落霞孤鶩齊飛，空即是色、色即是空。

很多世間境界相，你要是以智慧來觀察，境即是心。古來的文章、古來的詩詞、歌賦全是心，把它變成文字相，文字相就是形容當時的現相。我們經常看廟上的對聯，特別是看古廟的對子，那都是古來的大德或者是最有智慧的人作的。那些對子都是表現空和有的，也就是《心經》。不一定要念《心經》才是《心經》！那些對子都是《心經》！

我給大家念一副對聯：「風聲雨聲鐘磬聲聲聲自在」，問題就在這兒。不論颳風下雨，每個聲音聲聲自在，那是怎麼自在的？空的。風聲雨聲聲聲自在。「山色水色煙霞色色色皆空」，明明是山有山色、水有水色，山色水色煙霞色，色色皆空。古來那些對子，如果你去參，那不就是我們的《心經》！

空中的色相，這個色相是靠不住的，空中色相是沒有色相可得的。色即如是，受想行識亦復如是。哪裡還有眼耳鼻舌身意、色聲香味觸法呢？什麼都沒有了！就是些世間相。

但是那些人也沒有把《心經》、把般若義研究好。他是從研究世間相中得到的，以所作的詩乃至作的詞來形容空義不可得。不可得還求什麼呢？你想得個什麼呢？這就是你的自在處。觀自在照見五蘊皆空，一個「照」字，一空就安逸了，什麼都沒有了。外頭跟自己的根塵五蘊，全是空的。外頭一切世界全是空的，心沒有、境也沒有，心亡境寂。心不存在，外邊一切境界相也就沒有了，寂然寂下來了，「心亡境寂兩俱空」。一切法都如是。

所以空中，沒有六根六塵十二處十八界。離開這十八樣，一樣也沒有了。這十八樣本身也是空寂的、寂然的。所以說無色聲香味觸法、無眼界乃至無意識界，無無明乃至無老死，一部《心經》就是說這些事。什麼事呢？遣除。任何境界相都要遣除，那就達到了空寂。以下我們再一個一個的分別解說。

「行」，凡要說修行也好，一切行動也好，包括你過去的身口意，假你現在的身口意，還有未來的身口意，都叫行。說話有善業有惡業，言語有妄言綺語兩舌惡口四種言語，都叫行，這叫口行。身裡頭殺盜淫，這叫身行。意裡頭貪瞋癡，這叫意行。你把它翻過來，不妄言不綺語不兩舌不惡口，這就是善行，也叫行。不殺不貪不盜不邪淫，這也叫行。一個善行一個惡行，就是善業和惡業。善也是空的，惡也是空的。但是善業隨順空，惡業不隨順空，它要受報的。所以善有善報、惡有惡報，報都是你自己的行所感召的。你沒有行，報也就沒有；行報，全是虛假的。

還有「識」。因爲行也識，這個識專指是八識。眼耳鼻舌身意末那阿賴耶，八識是心王，這個心王的這個心是有眞有妄，是眞妄和合爲體的，這叫識。識是了別的意思。由你過去的業感召的果，那你今生就受吧！你今生受的是過去的業感召現在的果，這就是你今生所受的。你今生又再造業，這個業有善業有惡業，你現在造的業就感未來的果。雖然未來的果報沒有現前，那你做的業也給它定了。要問你未來如何？你現在做的就是你未來的果報，不要問別人，你自己很清楚。善業多，未來你就幸福、生活愉快，什麼災害也沒有。

我從小到大，看過很多社會上的事。有些人就在火災當中、紛飛擾亂當中，他卻是平平安安的、什麼事也沒有，什麼災害也沒有，好像都跟他沒有關係。有些人，家庭乃至整個國家在動亂當中，而他安定的，沒有事。這是什麼原因？他過去的業，從來沒有缺過什麼，也沒有犯過什麼愁也沒有什麼苦惱，這就是過去的業得到現在的果。那你現在所造的業得到未來的果，這就是善有善報、惡有惡報。沒報的時候是時候還沒有到，時候到了報就來了。

但是在《心經》上講，這些全是假的。假是假的，但是我們受苦的時候，不高興，煩惱就重了。享樂的時候，煩惱就輕了。你什麼都有，還去害別人幹什麼！你沒有什麼貪求，自然少造業。如果你再能做慈善事業布施，自然就愈來愈感善果。但是善惡一念間，就是這個識在作怪。在造業的時候，他造的惡業、造的善業，他是指揮者。指揮什麼？指揮他的身、指揮他的口、指揮他的思想，他本身就是思想，乃至投胎轉世、受業因果。

由於過去的業，現在今生的識，這個識就是「去後來先作主翁」，八識。當你投胎的時候，眼耳鼻舌身意沒有，這就是八識。這是去後來先。投胎來之前，等到死了，肉體全毀壞了，都走了，識還不走。有的說一天，有的說是三天，識才走。有的是業障最重的七天，識才離體。凡是佛弟子，他死亡的時候，我們一般的不立即火化，要隔七天，最少最少隔三天。如果死到醫院裡面就麻煩了，當時就進了停屍間，動你的身體。但是我們出家人不動身體，不要動他，誰動他，他的身體非常憤怒，瞋恨心就生起來的。因爲他會生起很大的痛苦，這就是識的作用。

感你的識，看你跟哪個父母有緣，死了之後的神識十方是黑暗的。只有你跟你的父母有緣，那有一線光明，你就奔那一線光明去了。你看見你未來的父母，就受身了。剛受身的時候，是「名色」。佛說這個名色，名就是心，色就是身。名色就是身心二法。你將投入母胎的時候，中間七天一變、七天一變、七七四十九天。最初只是精和血，只有這麼個名字，沒有實體。名就是心，色就是身，就是初投到了母胎之後，必須經過五個七天，已經一個多月，五七三十五天，這才剛起一個身的形，就是根的形。生出小手小腳，有那個身體、沒有實體，所以叫名色。光有個名，叫名色。

但是七天一變，變到七七四十九天，這時候有眼根了，才產生叫「六入」。從名色，第七個七日七七四十九天之後，六根開始了。開始之後，根對著塵，這時候媽媽要是喝熱的，你會感覺著燙不舒服，有感觸難過。媽媽要是吃冷的，感覺著冷。

從識投胎叫名色，名色轉成六入，六入轉觸。「觸」是相對的。媽媽每個動作，你在裡頭感覺著難受，這叫觸。受是領納，領納外邊的境界相，就是生了之後領納外邊境界相。那時候你的六根對著外頭六塵，有的苦不願意受，你不願意受也不行，也得領受。喜歡受的產生快樂，這個時候就有愛憎。有愛有憎，剛起貪愛，喜歡就是前生的業帶來的。喜歡的就想得，不喜歡的就想把它離開，因此就有「取」。

「愛緣取」，「識緣名色」，「名色緣六入」，「六入緣觸」，「觸緣受」，「受緣愛」，愛就想得到，「愛緣取」。這一取給未來生又做基礎了，就「有」了。有是後有，一切善惡因果從這裡產生，有就「生」，生再受生，受生之後就有「老死」，就有衰壞，有了衰壞，有了老死。在這個中間，你的貪愛心、分別心、緣影心很多，這是人生的一個過程。

【釋四聖諦】

無苦集滅道。

在這個時候有苦有集、有滅有道，講四聖諦法。未來你的心是怎麼建立的？生死就是你感的果，這個果就是苦，有生死本身就是苦。這個苦怎麼來的？自己作的業啊！你起惑造業，起了惑造業是因。這個因一定感到苦樂之果，這叫世間因果相。任何人是離不開的，釋迦牟尼佛的化身是佛，他也是投胎入生，這叫示現。他是示現的，示現跟人類一樣的。

苦是怎麼來的？你過去的因招感來的，這叫集。不是一個業兩個業，你一生做很多的事積聚一起來算總帳，這是你惑業的因，一定感到世間的果報，苦集是世間的果報。我們信佛求道，乃至於成道，就感到滅的果。滅的果是什麼？涅槃，了了生死。這個果怎麼得的？從哪個因得的？道的因，修道或念經拜懺禮佛等了了生死，斷煩惱所證得的道，這就是苦集滅道。這是我們最初佛教授的方法。要想斷世間的苦果，先斷因。這個因斷了，修道的因就成了。修道種下樂因，樂因那就出世間了，就感到滅的果，這叫苦集滅道的兩重因果。

我們經常說先斷煩惱。我們不是感覺煩惱很重嗎？你先把它斷了，把煩惱的因感、苦果的因斷了，不煩惱了。怎麼斷呢？修道！滅煩惱的方法就是要修道。你修道的時候才能把貪瞋癡的這些煩惱斷了。斷了，苦果就沒有了，那你一修道，所感的是樂果，這是佛最初說的法，叫四聖諦法。給一切凡夫說的，欲界色界無色界，稱為二十五有，都有生死，有生有滅，如幻如化。

四聖諦法，沒有主宰的意思，主宰的是你的心。如果相滅了，性也滅了。那個性不是那個性，是你生活的習慣性，這叫慣性。〈大乘起信論〉講有習種性、有性種性，這種性是熏習來的，是習種性。當你一修道，養成道種性，修道成了種性，常時相續，斷生死證涅槃。

就像我們晚上睡覺，很疲勞睡得很熟，一定要作夢。在你作夢的當中，這是虛幻的。夢中裡頭那個夢境全不是眞實的，是虛幻的。但是夢中做的好事、做的生滅，或者撿了黃金，或者是丢了東西，醒了什麼都沒有。因爲作夢的緣故。這個夢你能懂，但是在人生這個大夢，你就不懂了。你認爲都是眞實的。這個也是假的，什麼也得不到。這就是什麼呢？在你思想上、修行當中，不是一下子就證得空性了。我們講的是多劫累劫的修行。修佛道不是投機取巧，不會佔便宜，沒有便宜。什麼是便宜？方便智慧。你得到方便智慧，那是最便宜的了。

因爲佛說這種意思，知道苦了，你別招感。斷因，把集斷了，所以想修行入佛門，想證得，證得什麼呢？斷煩惱、證菩提、慕滅修道，羨慕涅槃、羨慕佛所說的教法，那就要修道。修道就能證滅，那把根本的苦給斷除了。這種道理很深的，究竟涅槃樂，得證佛的究竟涅槃，二乘人、聲聞緣覺是不了這種道義，以爲他證得的就是實證了，不是的。所以苦集滅道是給二乘人說的法。

大乘菩薩得修空觀，眞空現前。所以要學般若法、要修沒有生滅，眞正的空相，這就是我們現在講的般若義，也就是生滅的修證。因爲自性本空，沒有苦集滅道，自性裡頭哪有苦集滅道？沒有一個眞實的，眞實的就是涅槃。涅槃的眞實就是般若。所以涅槃的意義，不是死了叫不生不滅，智慧還有生滅嗎？智慧沒有生滅，這叫審實。眞正的審察到了實理，證得實理了，這是一步一步的。我們所講的三十七道品，得一步一步修才能達到。

【釋無相觀】

無智亦無得。

智慧所得的，無形無相，不是有、是非有，非有是沒有，那就是眞空。眞空不空、隨緣而現有，這叫無智亦無得。智就是我們能觀的智慧，得所證這個理。等你眞的到了這個程度，也沒有能得的智、也沒有所得的理，一切皆空，五蘊皆空。這個空是眞空。眞空沒有一切相，叫眞空絕相，也沒有言說，但有言說都無實義。

以前我給大家講，沒有眞的啊！像我們說火不是火，要說火是火，把我們的嘴都燒了！要說水是水，就把我們淹了！全是名詞，但有言說都無實義，沒有個什麼證得的。到你成佛了，得無所得。我們講《金剛經》，沒有阿耨多羅三藐三菩提是我證得的，也沒有阿耨多羅三藐三菩提法，也沒有能證得的人。這個意思就是顯示眞空絕相。

大家要多思惟這個道理，無相法門要用無相觀，思惟之後、修了之後，不執著你所思惟的。把所思惟的執著了，還是有的。眞正達到無相，第一個你先懂得無能無所，能是約自分說的，所是約外分說的。自分是空的，四大假合。這個道理不是我們這麼說說就容易進入的。得從你的實際去修，每天你什麼都看破了，什麼都放得下！到了那個時候，《心經》後面的經文就要講了，心才無罣礙。我們這個心遇什麼罣礙什麼，就是放不下。所說的空義，就是要你放下。不要執著空，空也是空的，因爲你執著空又變了有。這就是空本不空，空本來不空，不空是什麼？就是有。有不是有，是妙有，是大菩薩所證得的境界。

我們現在第一步就是觀想，觀想什麼？什麼都不執著，你就解脫了。但是最初開始的時候，要隨順善法、斷絕惡法。用善對治惡的時候，惡都沒有了純善了，善也不存在。善也有罣礙，到了心空、一法不立，一法不立的意思就是什麼也不執著，不但妄法不執著，淨法也不執著。到了那個時候，無一切相、無一切法、無我無人、無自無他，也就是我們讀《金剛經》說過的無我相、無人相、無眾生相、無壽者相。

【釋方便善巧慧】

以無所得故．菩提薩埵．依般若波羅蜜多故．心無罣礙．無罣礙故．無有恐怖．遠離顛倒夢想．究竟涅槃。

智是能觀的，以此能觀之智證得所證之理。能觀之智無智不執著，能觀的智不執著。對於所觀的理，能觀不執著，所觀也不執著。這個是不執著的涵義。我們修道的人，不論小乘中乘大乘三乘修行人，以什麼來修行呢？就是智慧。以能觀之智，般若的智慧照一切法皆空。因爲有這個智慧，這個智就是空智。由空的智慧得到的理、得到諸法之體，諸法之體本無，法性如空。因此我們所看見的一切法，有不見空。這個有不是眞有，是假的空華。眼睛發花了，看什麼都是兩個三個，其實不是，一個也沒有，眼見空華。

就拿這個來作比喻。在這個無智亦無所得的上頭成就道業，成就菩提智慧，成就菩薩道。解釋這句話「以無所得故，菩提薩埵」，無法可得的。菩薩行菩薩道，沒有一法可得，所證得的涅槃也沒有涅槃可證。我們在《金剛經》上講，佛告訴須菩提，沒有什麼阿耨多羅三藐三菩提可得，這一點須菩提是體會到了。《心經》也如是。依著般若波羅蜜多的智慧，才能夠使你的身心無罣礙，無罣礙就是什麼執著都沒有了。因爲一有執著，就有恐怖、有憂傷、有煩惱。要是什麼都沒有了，你還罣礙什麼呢？是空的。古人經常講：「心空及第歸」，這是形容沒有罣礙，沒有恐怖了，一切顛倒夢想、虛假妄想，全部不存在了，證得究竟涅槃了。

我們平常修行的時候，無論哪一位道友，都有個目的，想有所得。這個得，是想從得到無得。例如我們念阿彌陀佛求生極樂世界，念阿彌陀佛的目的就是想生極樂世界，生到極樂世界就是無所得。得到什麼？極樂世界不是眞實的，也無所得。因爲無所得，一切菩薩既然無所得了，心裡無罣礙了。凡是有得就要顧慮到失掉，有得有失。你得到了顧慮失掉，所以菩提薩埵修行所證得的阿耨多羅三藐三菩提，無所得也沒有失掉。得即無得也無所失，沒有任何顧慮，所以才說無有恐怖。把這一切有所得、有顧慮，都叫顛倒夢想。顛倒夢想，證不到究竟涅槃的。

這個無所得是什麼？是大般涅槃。佛的不生不滅、究竟境界，菩薩還是得到了！得到什麼？智慧。所以我們學佛、學經，學明白了，這不是物質。你得到什麼東西？等你明白的時候，得到什麼？什麼也沒有得到！就是這個涵義。

說菩薩無所得，但是他眞正得到了，得到什麼？智慧。智慧是空的，不是有形相的，所以叫無所得。那就成就了，究竟成就了。在一切諸法的性，性是體，本來是空的，一切諸法之相，相依性起，緣起的，已經證得了、了解到了，都是空的。有方便的空就是大菩薩，沒有方便的空就是墮入二乘地。二乘地是有得，他有執著，有涅槃可證，有煩惱可斷。凡是沒有方便善巧的、沒有方便空慧的，就墮在二乘地。要是有方便空慧的，無所得，沒有什麼能得也沒有什麼所得。那才能達到無上菩提。

空有兩種涵義，一種是行空，一種是不可得空。空還得個什麼？二乘人證得涅槃，他認爲有能證、有所證，了了生死、證到涅槃，這是暫時的方便乘，不是究竟義。二乘人把這個當成究竟義就執著了，他沒有方便善巧的空慧。他證得了空慧，那個空慧不能起方便善巧，不利益眾生，就墮入二乘地。

大菩薩行方便善巧道的時候，無所得，他是方便善巧。因爲他有智慧，方便善巧慧，所以能夠直至菩提、證得菩提。我們學般若波羅蜜，就是學這個方便善巧的觀慧，這個觀產生智慧。什麼智慧？照諸法空，這就是前頭的第一句話，「觀自在菩薩照見五蘊皆空」，用般若智慧照見諸法皆空，空還有什麼得嗎？還有能得、所得嗎？全是空的。這個就叫般若方便善巧慧。菩薩有，二乘人沒有。因此他照見諸法皆空。

我們前面講了，五蘊十二處十八界，這些相都是因緣相，乃至於能證的般若智慧，所證的阿耨多羅三藐三菩提，能證所證沒有物質，全是空的。爲什麼？無所得。能證的智慧、所證的智慧，能所合一了，只是一個智慧。修行的時候是無所得心修行的，證得的時候是證得無所得的心。能行的無所得，所證得的無所得。這樣子的心還有罣礙嗎？所以心無罣礙了。因爲無罣礙，沒有恐怖。

我們一般的得到什麼就怕失掉，這是世間相。只有凡夫，得到財富怕失掉。爲什麼？保不住啊！世間的財富是五家共有的，你得到了你會失掉。賊偷給你偷掉了，火燒失火給你燒掉了，發大水水淹，那就淹的沒有了；還有一種不孝的子孫，不孝兒女敗壞你的家業。國家也可以沒收你的。所以你的財富、一切物質東西是五家共有的，由於這五種的因緣，你的財富會失掉的。那你的心就長時間的有罣礙，這叫患得患失。你的心空了，什麼都沒有了，一切罣礙沒有，這叫達到法空義。

在《大般若經》上講，你能達到一切法自性性空，證得般若波羅蜜多就是無上菩提，轉妙法輪、度無量眾生；但是把這些所得的，得無所得，沒有一念心在這上面起執著，也沒有說我是證得一切諸法性空，我是證得阿耨多羅三藐三菩提。若有這種的思想，沒有證得！他有個能證，還有個所證，他不能轉微妙法輪。若認爲一切皆不可得，以不可得的智慧證得一切諸見皆沒有，全是虛妄的。因爲沒有妄見，得到眞實，沒有顚倒夢想的煩惱。凡夫就是在顛倒夢想，一會得了一會失掉了，一會有所得。假使有所證有所得，那個就叫顛倒夢想。顛倒夢想就是這樣解釋的。

「菩提薩埵」是指著人說的，大菩薩就是覺有情。「般若波羅蜜多」是約法說的，菩提薩埵行菩薩道，這些大菩薩依著般若波羅蜜多的法，達到什麼樣境界？心無罣礙，什麼罣礙都沒有了，什麼顛倒夢想都沒有了，這叫空一切障礙。能空了一切障礙，才能證到究竟阿耨多羅三藐三菩提。這是他所證的果，才能達到究竟涅槃。

【釋佛德智】

三世諸佛．依般若波羅蜜多故．得阿耨多羅三藐三菩提。

「三世諸佛」，這是舉例證明。過去現在未來三世諸佛，都是依這個無上的智慧般若波羅蜜多才能成佛的，才能得到阿耨多羅三藐三菩提。

「阿耨多羅三藐三菩提」是翻譯的，用我們華言的話說就叫「無上正等正覺」。舉例說，過去的、現在的、未來的一切諸佛叫三世諸佛，他們都是依著這種到彼岸的智慧，才證得了無上阿耨多羅三藐三菩提，才能成就正等正覺。成就正等正覺就是以這個般若的智慧，心無罣礙、一切無所得才能得到，無所得而得，得即非得，得還是無所得。

這一段經文說過去的佛，他們成就正覺了，叫如是而來，所以就叫如來。來即無來，來即是如、如即是來，所以稱如來。如是不動義，來是運動義，如如不動而教化一切眾生。雖然爲教化一切眾生而幻化來到人間，示現成佛，這個來而不來，沒動本體，幻化的空身即是法身，幻化身不是眞實的，幻化空身即法身。有佛世界如是，無佛世界也如是。這叫法爾法界，也就是法界的自然現相。

佛是證得了覺悟了，一切眾生沒有證得，但是他具足。雖然沒有證得，他具足什麼呢？佛性。「心佛與眾生，是三無差別」，佛即是法即是眾生，眾生即是佛即是法。說他含著種子，眾生都有成佛的種子。爲什麼？本具故。他本來就具足，但是以名相來分析，佛有三德。這個是講佛的智德。佛要斷一切迷惑，斷一切惑業，斷污染，那叫斷德。智德斷德，我證得了究竟，這是有分別的，其實三位一體。

智德，要了達諸法、圓融無礙，沒有差別的，因此通達一切法沒有障礙，但是能隨眾生機。正因爲無障礙能隨一切眾生的機，佛有無量法門，哪一類眾生就給他說哪一類的法，這是佛的智德，能隨法。

斷德，佛是斷除了一切煩惱、一切惑染，所有化度眾生他的處，不被一切染污所染，就是佛的依止處，能夠自在無礙沒有束縛。斷了一切惑束縛不到，因此成就了如來的果，這叫轉生死而爲涅槃。在眾生這是生死，在佛就是涅槃。讚歎佛的功德就讚歎般若波羅蜜多，因爲般若波羅蜜多是無障礙的，不可思議。

以下就說般若波羅蜜多秘密的神處，形容般若波羅蜜多咒。大家不是要念咒嗎？這就是形容咒作爲秘密講，讚歎般若功德的意思。

【釋般若波羅蜜多功德】

故知般若波羅蜜多・是大神咒・是大明咒・是無上咒・是無等等咒・能除一切苦・眞實不虛。

以下是讚歎般若波羅蜜的功德，它有什麼功能？產生什麼作用？在諸佛菩薩他證得般若波羅蜜多，那就不可思議了、神了。我們稱什麼事說可神了，說不出來，有一種神妙的意思。因此就把它說成大神咒、大明咒、無上咒、無等等咒，能除一切苦，眞實不虛。大家都要學密，神秘就是咒，神秘的。把這些咒說這麼多，就是前面的般若波羅蜜變成這個咒，變成秘密義。

依此深般若，證得了涅槃的菩提，這是般若的功用。這個功用不可思議，沒法顯現，數量非常之廣，怎麼說都可以。

上面說四種咒，用秘密來比喻般若波羅蜜多的，一個大神咒，一個大明咒，一個無上咒，一個無等等咒，共有四種。把《大般若經》六百卷縮減成《心經》八十幾句話，又把這個縮減到成一個咒語。什麼咒？無等等咒。說它是神也好，明也好，神明都是照了的意思，不可思議的意思，沒有能與它相等的。那就是把大般若變成咒了，沒有與它相等的，濃縮成咒，好記啊！

這四句咒在〈大智度論〉裡講得可就廣了。大家有時間就看看〈大智度論〉吧！在〈大智度論〉裡講，大明咒是專門破外道，有種種的念咒。咒語就是濃縮成很短很短。念個咒就利益人了！如果有些腦子也不大清楚，記憶力也不好，講很多經文他沒有辦法攝受，那就念個咒吧！不求解了！

那時，蒙古親王他就批評說，這是口念糊塗咒。為什麼？你問他這是什麼意思？不知道！口念糊塗咒，心裡想的是財色名食睡。那這個咒就念得糊裡糊塗，他不知道咒是什麼意思。你給他解說咒是什麼意思。《心經》，《心經》不懂就解釋《大般若經》，《大般若經》再不懂就解釋三藏十二部。也就是一句話，一個咒。

以前在印度的時候，咒是邪門外道專門用的，有六字眞言的，有四字眞言的；可是外道又反過來偷佛教的、剽竊佛教的。我記得小時候，東北有很多外道，有個道德總會，專講外道。法不傳六耳，他也叫六字大明神咒。完了又叫五字眞言，做很多秘密。五字眞言是什麼？「觀世音菩薩」，法不傳六耳，也就是我們常念的。後來你懂得了，其實就是念觀自在菩薩。

他們把屋子弄得很秘密的，拿布都裹上，一點光亮都沒有。人還得跪著走，不許拿腳走，跪著匍匐前行，匍匐前行是拿腿跪著往前爬，爬到那去等他跟你說咒。還拿幕帳蒙上，一點光明都沒有，完了說什麼？「觀世音菩薩」。

我們說六字大明神咒，「唵嘛呢唄美吽」，跟你解釋了，翻譯過來的話是「白蓮華」，你會念嗎？一切咒，我們要知道咒的意思是濃縮了，就是一切法的精華。例如說「阿耨多羅三藐三菩提」，大家都知道是「無上正等正覺」，所有三藏十二部就是成就這一個，達到這麼個目的。

所以有時候合，有時候開。開就是開放，合就是總起來說。知道這個咒的涵義，這個咒可神了。我們經常說的可神了，又測量不到就是讓你不去測量。明？能破黑暗，神明就是破黑暗的神秘不可思議，也就是說般若波羅蜜，它的神功妙用不是你心量所能知道的。但是能破一切黑暗。大明即是眞空，大神也即是眞空，顯現眞空的智慧之理，就叫大神咒、大明咒、無上咒都是這樣子。

這是佛的秘密心印，既不說有法，還要什麼等？無等，又加等無等的！等就是無等，還是無等，無等的等，等於沒有！般若波羅蜜這個法門是無比的法，拿什麼法來跟它相等呢！不可能，是無等等。無比的法，要跟它比就是無等，到這個時候分段生死、變異生死都沒有了，二死永亡、死生永滅。所以整部的《大般若波羅蜜經》就是一個咒，什麼咒？大神咒、大明咒、無上咒、無等等咒，眞實不虛的，念這個咒就行了。

【釋隨機成佛密咒】

故說般若波羅蜜多咒・即說咒曰・揭諦揭諦・波羅揭諦・波羅僧揭諦・菩提薩婆訶。

這個咒是什麼？就是「揭諦揭諦，波羅揭諦，波羅僧揭諦，菩提薩婆訶。」也就是「到彼岸！到彼岸！大家都到彼岸！」這個咒是大神咒、大明咒、無上咒、無等等咒。

這個咒即是《心經》，也即是《大般若經》。《心經》的第一句話就是觀自在菩薩，這個咒就是觀自在菩薩。前面說觀自在，後面說「揭諦揭諦，波羅揭諦，波羅僧揭諦，菩提薩婆訶」，就是「到彼岸，到彼岸，大家都要到彼岸！」怎麼到的？照見五蘊皆空，這就神了。

咒的涵義，因為我們漢人不大認得，有的經就不說了。經後頭有個咒，意思是什麼？經文太多，把它濃縮起來，《心經》咒語的涵義就是「到彼岸！到彼岸！大家都到彼岸！」「揭諦揭諦，波羅揭諦，波羅僧揭諦，菩提薩婆訶。」就是這樣，「成佛！成佛！大家都成佛！」

詳細解釋的話，「揭諦」就是去，去幹什麼？度。也是一個字「度」，度眾生。你用般若波羅蜜的智慧去度眾生，把它完整說成一句話就是這樣子。「揭諦揭諦」，度度，度眾生，度眾生；「波羅揭諦」，都讓他們成就到彼岸。度眾生，度眾生，度一切眾生都到彼岸，都成佛，這就是「揭諦揭諦，波羅揭諦，波羅僧揭諦，菩提薩婆訶。」

「揭諦揭諦」也是自度、了了生死，來度一切眾生都了生死。「波羅」是彼岸，「波羅揭諦」，把這些人都送到彼岸去。「僧揭諦」加個「僧」，或者是總說的總，或者普徧的普，僧是和合義也當「總」字，或者是「普」，普度的普。它的意思就是普度一切眾生，自他一切的眾生。不光是人，凡是鬼道的、畜生道的，凡是這一切都把攝成人道，要普度一切都讓他們覺悟，就是菩提了。「菩提」是翻覺，這是普徧的，就是讓他們都了生死證涅槃。

《心經》的文字不多，義理可廣了，爲什麼？它包括了六百卷《大般若經》的義理，等於是六百卷《大般若經》的心。因爲佛度眾生就是隨眾生的根機，應以何法得度者示現說什麼法。從凡夫一直到成佛這個過程當中，你必須得去做啊！佛說很多的法你得去做！修行！修行！

我經常講修行是修理修理你自己！修理修理自己，開闊的說，修理修理你的口不要亂說，依著佛教導去說。修理修理你的身，不要亂去做，要依著佛教導去做。再修理修理你的意，就是心，不要胡思亂想，依著佛的教導去想。所以《心經》的文字不多，但是包含了《大般若經》六百卷的義理。

佛教化眾生是隨機的，不是固定的，有什麼機說什麼法，不是呆板的。他的目的就讓你不要執著。眾生就不同了，學什麼法執著什麼，這叫法執。學什麼執著什麼！學般若變成執著了，不是智慧了。般若是不執著的，是解脫的，是自在的。

我們現在解釋《心經》一卷，就含攝了《大般若經》六百卷經文所含的義理。那個道理就是佛教化眾生的時候，隨他是什麼樣根機就怎麼樣引導，最後的咒就是「揭諦揭諦，波羅揭諦，波羅僧揭諦，菩提薩婆訶。」達到了，讓他了生死、到彼岸、究竟成佛，就是這麼個意思。文字雖然不多，義理非常廣。從凡夫發心，一直到成佛。但是眾生種種類類，因爲眾生的心，他不能照諸法的實在道理，他的心不能照了諸法的實相，就是他照見不到諸法的實相。

爲什麼？他的業報所感的，六根六塵六識這一切的境界相，一會執著有、一會又執著無，全是執著。一執著，般若波羅蜜沒有了，般若波羅蜜的智慧就沒有了。翻過來就是依著般若波羅蜜法門去修行，但是得修行的功夫到成熟了，才能夠放下一切，看著諸法皆空。五蘊皆空，就代表一切法。這個時候，你才能自在修就是觀。觀了修行了，一切你都看的認得了，如夢幻泡影了，你就自在了。自在了才能五蘊皆空，觀自在照見五蘊皆空，你觀你自在，你不觀你不自在。

《心經》上不叫觀世音，觀自在菩薩自己修行的，是觀自在。在《法華經》〈普門品〉叫觀世音，那是利他的。觀自在是自利的。利他跟自利的作用，就不一樣了。我們讀了《心經》，就依著《般若波羅蜜多心經》去修行，那你去照吧！把你的心用到什麼呢？就是照照，照照苦集滅道、照照十二因緣、照照六度，完全是智慧。你這一照，觀一切法不可得，全是空的。你這一照，得了一切智，一切智就神了，什麼都知道。知道什麼呢？知道它的體性什麼都是空的，知道眞空絕相一切法皆空，成聖人了，聖人是諸法都解脫的，都成空的。依著般若波羅蜜，知道一切法本來就不生不滅，就是你的妄想心，認爲一切法生滅，一切法本身是不動的。

你懂得這個道理，自然就解脫了。古來大德去參學的時候，請大德說：「我現在很不自在，請師父讓我解脫！」大德就指示他說：「誰把你捆起來了？」他說：「沒誰捆我！」「那你還求什麼解脫嗎？」當下就是解脫！是你的妄想心，不達一切法空的理，妄想心不明一切法空的理。等你理明了，當下就解脫了。但是你得經過這一段過程，觀自在菩薩得經過照，這個照就是你得有般若智慧，才能照見一切法空。一切法空了，在任何什麼時候，你都知道是空的。但是利益眾生又不空，那是假的，空是眞的，空假中，這叫三觀。

因爲證得眞空，知道一切是假的，既不住於眞空，也不住於假有，假的沒有住什麼，就是一切不執著解脫自在，那叫中道義。不住空、不住假，就住中道，眞正解脫門，從般若達到解脫，入解脫就是入於中道。我們出家廟的前門就是三個門，一個是解脫，一個是般若，一個是中道，從般若達到解脫，入於中道。

大家看佛所說的一切法，我們在學這些法的時候，法是讓你解脫啊！不是讓你束縛的。可是我們學法學得非常滯礙，滯礙就是處處行不通。哪裡來的呢？自己給自己作的、人爲的。這有個道理。寺廟沒有規矩，不成方圓，得要按規矩走，沒有規矩，不成方圓。方可不是圓，方絕對不是圓，圓可以隨緣，圓可以隨方的緣。

修道是一步一步走的，不是像跳的，不是像飛的。有沒有飛的？有啊。頓超直入，漸次當中也有快有慢。現在社會的發展，我們走路，以前是騎驢騎馬騎牛，現在改成自行車，騎自行車、坐汽車、坐火車也很慢了，現在發明坐飛機，飛機多快呀！不過快有快的危險性，火車也有火車撞車的時候，自行車也有騎自行車出車禍的時候。

我就拿這個來比喻想修道，坐飛機是快，就像我們參禪，頓超直入、立證菩提。快，有危險性啊！飛機空中出的禍、跟火車出的禍、跟汽車出的車禍，汽車出了車禍不見得就死，飛機摔下來是活不了。快是快，危險性也很大，因爲在空中控制不了。

頓超直入、立證菩提，得先有這個功夫，得有這個善根。這個頓是從漸來的，你的肉眼是看不到的。大菩薩哪一尊修成佛都經過無量劫，說三大阿僧祇劫是攝受眾生的方便。你學經的時候，看看釋迦牟尼佛修行，無量無量劫，因此頓中是漸來的，看見現在是頓，他是無量劫修行來的。漸中有超越，但是這個超越是大菩薩利益眾生的方法，得學依著佛說這麼多部經，就是學怎麼樣教化眾生、怎麼樣利益眾生。那得有方便善巧，一步一步來。

我們一學《般若經》了，說戒律是小乘法，戒律太不自由，不許作這個、不許作那個。如果你達到空了，什麼都可以作。爲什麼？空的。你作了也是空的，但是你既然認識是空的，殺盜淫妄酒全不存在，空的。任何爭議都沒有，都是空的。當你煩惱來了，空的。你沒有煩惱，證得空理了，你就可以自在無礙。

所以你得從觀來，不觀你怎麼自在？所以觀自在大菩薩行菩薩道，你看大菩薩行菩薩道的、示現種種神通妙用，說「我念個咒就成了！」我看你念一個咒念、十個咒，你念一輩子的咒，也成不了。「我一聞法就明心見性！」你有那些根機嗎？那是無量劫積累的，不是開玩笑的，說話可以說，做起事來可就難了，得一步一步來。

我們現在怎麼培養般若智慧？現在你們感覺說，我明心見性、立證菩提，你能做到不？做不到的！那你怎麼辦？熏。我們之所以學《華嚴經》之前，先講〈大乘起信論〉，就是讓你了解，要先生起這個信心，這僅僅是信。眞正信了，完了得去做，你做起來可要一步一步的走。

我看那飛機再快，一個小時飛一萬公里、兩萬公里，現在還沒有上到月亮裡頭去呢！一天都飛多少萬公里，還是圍著月球轉，進入月球的軌道了，還沒有上到月球去。在佛經上講，月球跟日球是圍我們須彌山轉的，沒有到頂上。可是像這個無量億的月球、無量億的日球，我們一念間就到了。

你這一作意、一入觀就到了！阿羅漢本事雖然不大，但是到月球、到日球，他是一作意就到了。不然我們到極樂世界怎麼去？坐飛機到極樂世界去？十萬億佛土！無量的太陽月亮，我們到一個月球都這麼困難，你到極樂世界怎麼去啊？般若智慧。一照把極樂世界就照見了，再一照你自己也就去了，照去照來，自在無礙。但是能照得到不？所以學般若義要開智慧，以智慧度煩惱，以智慧消業障。

但是怎麼得到智慧？有幾種方法，一種懺悔、拜懺，一種持名、持聖號，一種修觀、思惟修。這幾個你要是感覺到還有困難，《心經》會念吧！不困難吧！一天當中，你給自己規定念一千部《心經》，或者念一百部《心經》，別的什麼都不做，經過十年，你看看你開智慧不開智慧？十年當中，天天就是想《般若波羅蜜多心經》，只念《般若波羅蜜多心經》。這個心，一天照見五蘊皆空，念念都照見五蘊皆空。光念，你念念漸漸付諸行動，在你的思想上特別高興，念念《心經》你不高興了，沒有什麼作用，空的。你很煩惱，一念《心經》，假的空的，你自己會跟自己開玩笑念念，自己會笑了，唉呀！假的，天天這樣想，假的變眞的了，不是這樣子嗎？

你學手藝是世間上的相，兩年三年就學會了。現代人的腦子很聰明，用科學儀器幫助你就會了，都如是的。所以佛告訴我們方法，一個懺悔，一個讀誦大乘，一個靜坐思惟觀照修，觀照你的起心動念處，看看跟《心經》相合不相合？一起念，就看《心經》是怎麼說的。你就這樣去對照，這個本身就叫修行，就會開智慧。開智慧的意思就是你原本不懂得，但是現在懂了，那就叫開智慧。自己認爲是絕對做不到的事，現在他做到了，那不叫開智慧啊！

現在我們都是有智慧的，能夠信佛！有這麼一點信心入到三寶，你可以得到保證。這是佛說的。一聞「南無佛」，耳朵聽到人家念「南無佛」，（「南無」就是皈依），你也跟著「皈依佛、皈依佛」，那你也皈依了。那你一定能成佛，佛在各個經論都如是說，爲什麼？你本來是迷的，現在遇到悟的因緣了，一定開悟！不過經過的時間長一點。如果你不願長時間受苦，那你就精進修行。

《心經》講完了，祝大家早日成佛！

般若波羅蜜多心經講述　竟

般若心經講述

溫哥華・一九九四

般若心經講述（上卷）

『般若波羅蜜多心經』

《般若波羅蜜多心經》—這是經的題目。這部經字不多，二百六十個字，義很廣。般若經一共有八部：《大品般若》、《放光般若》、《光讚般若》、《道行般若》、《小品般若》、《勝天王般若》、《文殊問般若》、《金剛般若》，這八部經共有六百多卷。

我們這部《般若波羅蜜多心經》有二百六十個字，從「觀自在菩薩」到「薩婆訶」的「訶」字，一共二百六十個字。但是它的意義，包括了我剛才念的八部般若經的意義。

大家可能對《心經》讀誦得很多，都有一般的理解，理解得深或理解得淺，關係不大，只要能依照經的涵義去修行去做，這個就很重要。

一般而言，我們都是從文字上起觀照，從觀照而證到般若的甚深智慧。文字就是我們現在念的，這二百六十個字是文字；觀照就是思惟，要思考它所說的義理，從思考而能進入實相。實相，也叫眞如，也叫法相，就是眞正的明心見性，這是從修得的。

這部經本來是《大般若經》的一部分，所以沒有開頭的「序分」，後頭也沒有「流通分」，也沒有說的時間、地點、條件、處所、聽眾，因爲《心經》是《大般若經》中間的一部分，所以這些都沒有。

「般若」是不翻的，爲什麼不翻呢？「尊貴不翻」。印度的佛經傳到中國來之後，有五種不翻：一種是它含的義理很多，翻完了會把它的義理都移掉了不能翻全，這種多含義的不翻。第二種是我們念的咒語也不翻，叫做「秘密不翻」。

「尊貴不翻」，尊重它不翻，因爲翻出來會產生混淆。般若翻智慧，如此一來都是智慧，聰明智慧也叫做智慧；但是這個智慧跟那個智慧完全不相同，因此尊重原意不翻。

另外一種是「順古不翻」，歷來就不翻，像「阿耨多羅三藐三菩提」，爲保存它的原意所以不翻；雖然不翻，我們有些人爲了懂得它的義理，還是翻成「無上正等正覺」，那是講解的時候翻，正式的時候不翻，這是順古。

還有「此方無不翻」，我們這裡沒有那個實物，像「菴摩羅果」就不翻，爲什麼？因爲沒有那個果。這個「般若波羅蜜」的「般若」是「尊貴不翻」。

「般若」我們都知道是智慧，這個字的涵義很深，是一切智？道種智？一切種智？是哪一個智呢？是一切種智，這是佛果上究竟的智慧。爲什麼呢？因爲下頭有「波羅蜜多」，就是到彼岸。因這個智慧而能達到究竟，究竟到了彼岸，到了彼岸就是成佛。這有兩種，有一種像聲聞二乘了脫生死、斷了見惑之後，不是究竟到彼岸；他能夠出了生死海，不隨六道輪迴轉，這裡所說的到彼岸是究竟到彼岸。

「心」字是比喻，本身就是法眼。《般若經》本來是很大份量很重，六百卷。《心經》二百六十個字，一卷都還不到，但是它含的義理很多。譬如一個人的身體，心臟爲主，以心爲主；雖然字少，但是涵義非常的廣，跟《大品般若》一切般若都一樣的。因此「心」字是形容詞，是比喻。

「經」是通題，什麼叫通題呢？像「般若波羅蜜多」，只有此經叫「般若波羅蜜多」，其它的經就不叫「般若波羅蜜多」。但是「經」就不同了，一切都叫經，《華嚴經》、《法華經》、《楞嚴經》，以及剛剛才說完的《佛說無量壽經》。

「經」是通題，表示常義、不變義、貫串義，涵義很多。古代中國，儒教、道教所有的文字也叫「經」，那是形容恆常不變的意思，亙古今而不變。佛經呢？佛教取這個「經」的意思，是尊重我們此方的意見，並且這個涵義也是可以通的。在印度是講貫串義，貫串義是把許多的義理，串成一個像花鬘似的；許多雜散紛散的花，把它串在一起，就成爲花鬘。

這就是今天要跟大家說的題，我先簡單這樣說。如果深入的說就是文字般若、觀照般若、實相般若。我們做個比方。什麼叫文字般若？就是我們念的這個文字；譬如我們駕駛的工具，或者行人的舟、過河的船都可以，我們在此岸，它能幫忙渡到彼岸去；假如用這個文字般若，可以使我們理解它的義理，假文字來理解它的義理。理解它的義理，經過我們的思想，再加觀照把它運用一下，而後依它起行，去修行，這個觀照般若就像船的駕駛一樣。像我們開的車，雖然有功用，但得有一個駕駛員才能把它駛到！文字般若雖然想出一個道理了，你必須得去做，去行。

實相般若就是我們要達到的目的。比方說，我們要到哪裡去，要達到這個目的，我們要開車子去，這個車子工具就是文字般若。有一個好駕駛員不會出車禍，那就是觀照般若；而後，我們就能夠達到目的。

這部經份量不大，要求我們能夠眞正的明白。大家天天誦！經過這麼一講，往後你坐那兒一念這部經，就知道它的意思了。

「此方眞教體，清淨在音聞。」「此方」是眾生耳根特別利，一聽他就能記得到；看文字也許記不到，他聽起來能夠心領神會，是這樣一個意思。

這個「般若」，剛才講過了不翻，因爲意思很多。可是我們如果爲了解釋方便起見，把它翻過來，那就是「智慧」。有幾種的智慧？如果是依照文字所產生的智慧，就很膚淺了，你只是隨著文字理解它的義理，那是經本上的義理，跟你自己的心，跟你的悟得，關係不太大，只能種個善根而已。

如果經過你的思考，經過你去做，就是修行了，觀照就是修行。爲什麼「色不異空」？爲什麼「空不異色」？經過思惟修，你就知道「色不異空」是這麼一回事了；「空不異色」是反過來說。這就等於實相般若所起的用，由這個用而達到它的體，實相般若就是眞空體，般若經就是顯眞空的。

在別的經上，「般若」的涵義很多，有叫「眞如」，有叫「實相」，有叫「法性」，有叫「性體」。經常講的「自性清淨心」，都是這個「般若」的涵義。在〈大乘起信論〉專講「如來藏性」，有的講「如來」，如如不動的「如如」，也就是「般若」的涵義。「實際」，實際理地；我們經常說「理性」！還講「畢竟空」，也是這個涵義。有時候講「中道」、「中諦」，都是這個「般若」涵義。對著那部經的意思來說的，同時還有個對機，哪些人聽？對聽的人說，使他能夠明了。一切法都有種種的名詞，因爲地點的條件、時間的種種不同，經的名字也就有變化。那就是說，隨著眾生能夠理解得到的，來定個經名，有了名字才立個經文。

「波羅蜜」呢？應該說「波羅蜜多」。我們平常講《金剛經》就說《金剛般若波羅蜜》，這部《心經》它加個「多」字。「波羅」兩個字就是「彼岸」，「蜜多」是「到」，彼岸到。那麼「此岸」是比喻什麼呢？所謂「此岸」是我們在這生死當中，在這無常的生滅當中輪轉。

我們經常說煩惱很重，那就是你想從此岸到達彼岸，有些個煩惱障。譬如剛才說的那個船，到了中流是一樣的；「涅槃」不生不滅，就證到彼岸了。從此岸證到彼岸，有些個階位，有些個次第。

像我們初信，信心堅定的，這屬於十信位，但還沒入位；必須到十住、十行、十迴向，這叫三賢位。三賢位要修行一大阿僧祇劫，因爲道力微弱，還降伏不住煩惱，這個煩惱是指著無明說的，塵沙無明還降伏不到，反而被煩惱降伏了，所以他離彼岸、離波羅蜜還很遠，遠波羅蜜。

從初地到七地菩薩，也要修一個阿僧祇劫，道力是增長很多了，這就能夠降伏煩惱；連根本煩惱都能降伏，這就是近波羅蜜，跟到彼岸相近了。

從八地菩薩不動地到法雲十地，還要修行一個阿僧祇劫。釋迦牟尼佛修行三大阿僧祇劫，從三賢位到一至七地，完了，八地到十地，這三大阿僧祇劫的功行圓滿了，還要百劫修相好才能夠成佛。到了八地以後，就是不動地了，他對煩惱不但降伏，還能斷除，他的道力就增上了，把煩惱全部降伏，才能叫「大般若波羅蜜」，也還沒達到「究竟波羅蜜」，直到成佛才是「金剛般若波羅蜜」。

「心」字是譬喻的意思。「經」字是我們翻譯的，順我們此土的，大家容易懂。印度叫「修多羅」，它的涵義就是「契機」、「契理」，跟「經」的意思相較，多出一種；能跟諸佛所說的道理相合，跟我們自己眞心的心理能契合，說法能夠契合一切眾生，叫契機。上契諸佛之理，下契眾生之機，這叫「修多羅」，是「契機」的涵義。

這部《般若波羅蜜多心經》是誰翻過來的呢？《心經》一共有八種翻譯本，我們現在說的這個本子，是唐三藏玄奘法師翻譯的。他去北印度學了十多年，回國之後翻譯的經很多，這是其中的一部分，他一共翻了有七十三部經論。

大家對玄奘法師的故事很清楚！他俗家姓陳，十三歲出家，出家後看到我們此處翻譯出來的經書，很多經確定不了，他有懷疑，要親自到印度留學，要親自去學習。他在唐太宗貞觀三年出國，一直到貞觀十九年才回國。翻譯的經典一共有七十三部，一千三百三十卷，《心經》是這一千三百三十卷裡頭的一卷。

以下我們開始講這部經的涵義。

『觀自在菩薩行深般若波羅蜜多時，照見五蘊皆空，度一切苦厄。』

「觀自在」就是觀世音菩薩。按照這部經的說法，從修觀而得到自在，自在就得到解脫。這部經就講到這個修行的功能，也就是般若的大用，般若的大用就是觀照，從觀照般若證到實相般若。

觀什麼呢？觀一切諸法，都是緣起的，沒有性體的，照見諸法皆空；觀照就得了成就，得了成就就自在了。我們經常講什麼事情看破了，看破了放下了，放下了就解脫了，解脫就自在了。怎麼能看得破呢？經常想，觀就是想，想就是思惟修。我們一般都把「觀」字當「看」字講，但這裡的「觀」當「心裡想」講，觀就是思惟修。

我們經常要看一看，看一看是用眼睛看，這裡是用心裡看。看什麼呢？看一切的色法、心法是眞的嗎？這樣來看。如果你看到是假的，證得了空性，你就自在了。自在是心無罣礙，無罣礙故，無有恐怖，遠離顚倒夢想，究竟成佛了，是這樣一個涵義。

「菩薩」呢？就是「菩提薩埵」，翻「覺有情」，讓一切的眾生覺悟。一切的眾生不明白，不明白就幫助幫助他，就是使一切眾生都覺悟、都能明白。那麼，這一位大菩薩是已經達到究竟了—觀自在菩薩。他依著般若波羅蜜多怎麼修行呢？怎麼樣到這彼岸呢？以下就講他修行的過程。

觀自在菩薩行深般若波羅蜜多的時候，也就是他修行的時候，是深般若，不是淺般若。如果是二乘人，他能見到空理了，能夠得到一切智也得到般若，這個般若是人我空，他只能夠空人我執。他的空當中，見不到不空，他證到這空理就究竟了，但沒有證到不空；他能破除我執，這也不容易了，斷了八十八種的見惑，斷了八十一品的思惑。但是無論聲聞、緣覺、權乘菩薩都共修的，所證的不同，都屬於淺般若這個範疇，還不是深般若，這叫共般若，是三乘共修的。

深般若不但見到人我空，見到空義，而且能見到假義，從空出假，能利益眾生。他不但破了我執，把法執也破了，對一切法不執著，曉得一切法如夢幻泡影；這叫不共般若，跟前頭三乘所學的般若不相同。

「行深般若波羅蜜多時，照見五蘊皆空」，這個「照」字就是深般若的智慧，智慧的光明照破了一切的黑暗。這「照」字含有三種智用，空觀生了，破除我執上頭所說的見思惑，斷得乾淨見到眞諦；這個眞諦也就是我們每一個眾生本具的本性、本體，他能徹底的了達。了達之後，從空出假，又能見到俗諦；這個俗諦，事有千差，理無二致，但是事實上很難。他修深般若波羅蜜的這個道，而能夠得到道種智，以道種智觀察，能夠斷掉塵沙惑，這是斷俗諦。先入眞而後入俗，因爲以俗諦觀照，能度一切眾生。

如想再進一步斷無明惑，得須要一切種智，這就要不著二邊了。「空」是對著「有」說的，但是菩薩這個「有」是假有，不是眞有，是幻有；而眾生不理解，眾生因爲有，就執持有。空是斷有的，斷了有而不執著，反而能利用這個有，但是必須得有善巧方便，斷了塵沙惑才具足這種善巧方便。有了這種善巧方便了，就知道一切諸法如夢幻泡影如露如電，《金剛經》的般若義是這樣說的。但是從空出假，利益眾生，不被一切的世法所罣礙，這樣第三種的深般若就是實相般若，就達到實相義，破無明惑。

行觀自在菩薩現在所行的深般若，斷了無明惑，從深般若的智來照見五蘊皆空。五蘊是色、受、想、行、識，色是色法，受想行識是心法。

「度一切苦厄」，包括分段生死跟變異生死兩種。從斷惑來說，見惑、思惑、塵沙惑、無明惑，他都斷除了。

這個身子的「色」是很多的微塵聚在一起的，叫「微塵聚」。怎麼聚的呢？緣起的，假因緣合成的。我們經常的講「微塵」，對微塵有很多的分析。第一個微塵，例如羊毛尖上的微塵，把它剖成七份。羊毛的毛要比兔毛的粗，剖成七份的這一份，跟兔毛的微塵相等。再把兔子的毛分成七份；這叫水塵。水的微塵再分成七份，這叫做金剛塵（金的微塵）；再把它剖成七份，叫做析極微塵，等於是沒有了，但是還有無表色的塵。再把這個塵剖七份，這個塵就叫做色聚塵，也叫做極微之塵，不能再分了；但這個微塵，天眼看不見了。我們的肉眼，到兔毛之上的微塵就看不見了。我們經常說入恆河沙的微塵，這「恆河沙微塵」就粗了，比羊毛的塵、兔毛的塵要粗了。

身的色是眾微聚，這個「眾微聚」指的是色聚微塵，屬於色法，這個身是很多這樣的微塵合成的肉體。

「心」是受、想、行、識四法。前五識是受，在後文的十八界裡會詳細講的。受以領納為義，眼睛接受色，有的顏色你看得很舒適，有的顏色你心裡頭不太願意接受，是以領納為義。

想是第六意識了，受是前五識—眼識、耳識、鼻識、舌識、身識，想就是思惟；或者想得到，想裡頭就有憂、有愁、有煩惱。行是第七末那識，我們在後頭還要講的，只是簡單舉一舉這個五蘊，識就是第八阿賴耶識。

「照見五蘊皆空」，總說就是照見色法跟心法是空的，沒有。爲什麼說空呢？沒有實體，緣起的。緣起的就是性空，沒有實體的東西就是空的，如果有實體就不空的。這個實體是指實相，這些個都是幻有的，幻有的就不是眞有。

前頭總說，觀自在菩薩在他用功修行的時候，行甚深般若波羅蜜多的時候，他照見了五蘊都是空的，因爲沒有滯礙了。之所以會苦厄是因爲你執爲境才受苦的，如果沒有滯礙了、通達了，就不存在了。這是總說，前後總說，標一個標題而已。我們先把色、受、想、行、識，略爲解釋一下。現相上如果不能理解它，空義沒辦法達到。就先從我們日常生活當中，解釋解釋這個現相。

「色」就是種種的有形、有相、有言說，這些都是屬於色。但有言說，都無實義；言語屬於色法，屬於無表色。同時，凡是色都有造作義。色的造作就能領受，色裡頭就包著一個受，這個受不是後頭的那個受，是牽涉著後頭的那個受，受就入於色。外面客觀的環境，色就是指著景色。因爲色是對著心，心境是一對，但是心裡頭就包括受、想、行、識。

「受」有兩種，有內受，有外受。外受就是後頭的環境，外頭的環境你領納了之後，感覺到是苦，或者感覺到是樂。當眼對色的時候，如果你看見殺人的凶手，或者是你所不願見的凶暴之人，或者看到虎狼，你生起恐怖感，這也是受。你感覺苦了，這是外受，內受呢？自己心裡頭的煩惱，產生的憂愁、歡喜、快樂、不快樂，心裡的感受。

「想」是緣想，緣念過去的境界，有相的。有些個空想，無相的；自己在那兒琢磨，不合事實的，那叫做無相的想。這個想，也有一個有相的想。

「行」很複雜，行就是造業，有造善業，有造惡業。行在百法裡頭具足很多，徧行五、別境五、善法十一、煩惱二十六、不定四，一共五十一個，這五十一個一般說是屬於心所有法。平常我們這樣子通稱，大家可能不能詳細理解，五十一心所有法屬於百法，如果想學這些名詞，要學學百法，每一個每一個有它的作用。

先來講講徧行五。有五種是徧行的，哪五種呢？我們先講名詞，一個作意，一個觸，一個受，一個想，一個思，就是作意、觸、受、想、思五種，叫徧行五。

作意，它是以警覺爲性的，心還沒有生起的時候，它警覺了，一動念一作意，它就想見一件事。能夠心還未起的時候，令心起念；如果心一起了，已經起了念頭了，就去對境了，就去現前的境界，這就作意。你想幹個什麼事，或今天你想來聽經，心裡起了念你就要去做了，取現前的境界，就是作意。

觸呢？已經對境了，接觸了，到這兒來了，聽經了，對境了，接觸了。

受呢？聽的時候高興、不高興，歡喜、不歡喜，你心裡頭就領受你現前的境界。

想，在境上你又去想像，又取相了。根據我的語言，你心裡就想：「這是什麼道理？」或是「什麼意思？」或是「什麼相狀？」就取相了，取現前的境界相。

思呢？造作業了，聞到了之後，隨著你所聞到的，你起了善念，然後發願：「我要這麼做，我也要成大菩薩。」或者發願：「我要起修」。

這五種法分別講解的時候，好像有前後次第似的，但它生起的時候同時並起，叫做偏行，同時生起。不是說先作意，以後才有觸，以後才有受；受完才有想，想完才有，不是這個次第的。「偏行」是一起俱起，一生這個念頭，念頭裡頭就含著觸、受、想、思；一作意，裡頭就包含著觸、受、想、思，是偏行，這是行。這個對以後講十二因緣法關係很大。五蘊法是包括著後頭的一切名相，都包含在這裡頭。

別境（計）五，別境五就不同了：欲、勝解、念、三摩地（定）、慧。這五個，第一個是欲，欲含著希望，希望什麼呢？希望事情好一點，希望境界快樂一點，不要來煩惱。好比我們希望住家的條件，或者自備行動的車，希望好一點。

勝解呢？能明了道理，對現前的境界相，我們能深入了解。勝解跟一般的了解不同，可以能解釋成爲很入理的明了，有智慧了。

念，就是思念的「念」、念佛的「念」。你過去對那個境界很熟悉，你就憶念得起。比如我們想台灣，這個境界大家都熟悉，我們台灣來的，這叫憶前境，這是熟悉的境，憶念不忘，不會忘記的，這是念前境。

三摩地（定）呢？沒有昏沈，沒有散亂。昏沈是心沈了，散亂是心浮躁。沒有昏沈，沒有掉舉，就是三摩地（定），令這個心專注不散就叫定。

慧，慧是了別，了別這一法，簡擇它，是善法呢？還是惡法呢？惡法能止，善法能增長，這就有慧了。

但是這五種境界，生起的時候是各個起的，不是相連的，所以是別境。但是它給你的心做境界相，使你的心攀緣的時候，攀緣這些境界相，這是有善有惡的，看你攀緣的是什麼。

善法有十一。第一是信，信是什麼呢？深信善有善報、惡有惡報。換言之，你自己如果念佛，你很信，很高興很愉快；因為念佛，能夠離苦得樂，而且得到究竟的樂，深信不疑，再不懷疑。我們拜的〈地藏占察懺〉是堅淨信菩薩所請的法，所謂「堅淨信」就是對所做的事情，堅定信一定能夠成功。

第二是精進，你已經相信了、不懷疑了。譬如說念佛，念佛不是現在就能夠修成的，想生極樂世界也好，想現生離苦得樂也好，一定得精進修行。有時候從身修，有時候從心修，反正身心共修。如果讀誦大乘經典，禮佛、拜佛，這不但是身修了，口也在修了，三業精進。

第三是慚，總感覺到自己不足，好像自己的道德不夠，修行的功力不夠，聞法的自信心沒有，對佛法僧三寶常不生至誠懇切心，自己總感覺不足。或者你得了十信位，住了十住位，還是感覺不足，總是向上比，拿佛做比較；說佛是我們學習的標準，是我們的軌範師，總是以佛爲標準，那你自己總是慚愧的，比佛總是比不起的。乃至比大菩薩，比善知識也是比不起，最好你取與你相當的來比。

第四是愧，愧就是羞，羞愧，羞愧幹什麼呢？做錯一點點事，自己很慚愧，很羞愧：「這個不該這麼做，做錯了。」因爲這麼一慚愧之後，你不會再繼續做了，一定能斷除。

第五是無貪，五欲境心生厭離。財、色、名、食、睡，人家都貪求，你心裡頭對這個非常的厭離，你會說這是害自己的，生厭離心。要講發菩提心的話，你要生起了出離心，對這個世間法才能不貪戀。

第六是無瞋，不起瞋恨心。這一個很難了，必須慈悲觀修得很好，不論誰怎麼違逆你，怎麼迫害你，或者非禮相加在你身上，都不起瞋念，心裡頭很平靜，也不起怨恨心。

第七是無癡，沒有愚癡心。在事理上你自己清清楚楚、明了，這是有智慧。

第八是輕安，遠離昏暗。你在靜坐修禪定的時候，或者念佛的時候，永遠在輕安之中，心態非常的平靜、安靜，不散不昏；散就是散亂，昏就是昏沈。得了輕安，不叫定，這是定前的現相。在你的行動當中，永遠是站在輕安的境界當中，修一切善法都在輕安的境界當中，不昏暗。事理明了，精進不懈，在這種情況之下，你得到輕安的境界，能夠遠離昏暗，這輕安屬於善法。

具體來說，我們念佛的時候，有輕安境界；讀經典的時候，你自己都可以體會到，這是你現前日常生活的事項；甚至包括做飯，帶小孩子，因爲你心裡頭很愉快，做這些事是在輕安當中做的。

如果不是輕安，你煩躁做錯事，或者生煩惱，或者對著小孩子沒耐心；煮飯的時候心不在焉，把飯燒糊了，再不就是把飯煮生了。這是日常生活當中，你如果心情永遠像止水那樣子，平平靜靜的，這是你的修行，並不是說另外的。佛法不離世間法，你自己日常生活當中的，能夠拿這個去對照，就是行，你所做的業都是善業，所以這十一法都是善法。

第九是不放逸，放逸就是懈怠。對於不善的法，你的心不染著，不貪戀。特別是吃東西，好像你今天那個菜很可口，肚子已經飽了，還要挾幾塊吃，這就是貪著。睡眠已經睡到八小時以上了，還不願意起來，躺在那兒很舒服，已經醒了，眼睛睜很大，躺在床上就是不起來；一般小孩子還可以，大人有這種現相就是放逸。

第十是行捨，捨就是掉舉一定要制止，制止就是捨的涵義。捨掉這個前境，這個境界不好，什麼不好呢？掉舉。掉舉心散了，一定要制心一處，這是意掉舉。口掉舉則是隨便亂說，胡作意的亂說，沒有考慮考慮這句話該不該說，往往禍從口出。身掉舉呢？不該做的去做，要捨它。

第十一是不害，對一切有情不傷害他們。夏天蚊子咬叮你的；家裡頭髒了，看見老鼠是煩惱，用善法來遣除，念經！發願！超度它們！墮到小動物的時候最苦了，如此一來就不加害於它們。

這十一種法都是善法，這叫徧行五、別境五、善法十一。

煩惱二十六。根本煩惱有六，其它叫隨煩惱，隨煩惱有二十。這些都是惡的，煩惱就不好了使你的心不安定，跟輕安恰恰相反。

六個根本煩惱是什麼呢？貪、瞋、慢、無明（就是癡）、見（不正見）、疑。

貪，凡是渴欲的境，心裡高興的，願它永遠不離開，貪得無厭的，特別是錢；這都不用講了，大家都很明白。

慢，這慢包含很多，我們就講兩種。第一種是自己驕傲比別人強，慢就是驕傲。第二種，本來不及人家，他也感覺比別人強，這都是屬於慢。還有一種是悲憐，感覺到事事都不如人家，自己畏縮什麼都不敢向前，如此一來，自己一生都不能做什麼事情，他自己特別畏縮，過慢了。

愚癡，這個大家都很了解，遇到什麼事理不能決斷，定不下來沒有智慧；沒有智慧就是愚癡，連個聰明也沒有，聰明是智慧很淺顯的意思。

見，這個見是指邪見說的，知見不正，不是正見，他對問題的看法總是跟人家不相符合；因爲他了不起，慢心也在裡頭，這都是連著的。

第六種是懷疑，不止好事懷疑，不好的事也懷疑；什麼事都懷疑，就是疑，有疑惑之心。這是六個根本煩惱。

二十個隨煩惱，我念一念就行了。忿、恨、惱、覆過，自己做錯事了還不承認，還把它掩飾怕人家知道。惱，就是紛煩惱亂。第五種是嫉，嫉妒自己得不到，別人得到了，心裡放不下還要破壞人家，嫉妒會產生很多的過患。第六種是慳，慳貪不肯捨。第七種誑，欺詐誑騙。第八種是諂曲，這諂曲的現相大家都看得到，隨時都看得到，討人家喜歡，但是得有錢或是有勢的，他才諂曲；不如他的，凡諂必驕，諂曲的人，見上者諂，見下者就驕，這兩個是相連著的。

第九是害，經常生害人家的心，這個是煩惱，不見得害到人家，但是他自己總放不下，總想害別人；這裡當然夾著有忿或者有其它的原因，總是想害人家。第十種就是驕慢，如果自個兒有能力、有學問，或者有財富，他驕慢還有可說；他事事不如人了，還說：「你有什麼了不起，我將來也會達到那樣子。」將來再說吧，這些都是驕慢，還有一種驕氣。

十一呢？我們前頭講的是有慚，這個講的是無慚。十二種是無愧。十三種是掉舉，掉舉是心散亂，胡思亂想。十四種是惛沈。十五種是不信，沒有信心，對好事他都不信，對壞事他就要幹，全是相反的。十六種是懈怠。十七種是放逸。

十八種是失念，這個很重要，如果能把這個保持了，好多事情都能成功。我們玩得很快樂，在玩得很快樂時你注意一下，這個時候有沒有緣念佛、法、僧三寶的思想？失念是把正念失掉了，還在念佛沒有？你想生極樂世界，你又不時時的念念，反而經常的失念。有時候一天睜開眼睛，正念完全失掉了；我們自己要迴光返照，個人知道自己最清楚，有沒有對待，要收復回來。

十九種是散亂。二十種是不正知，所知道的不正確，就是邪智。

這二十法都是根據前六個根本煩惱生起的，所以叫隨煩惱，隨著煩惱而生起的小煩惱。一個瞋恨心，忿、恨、惱，都出自瞋恨心。

最後，有不定法四。「不定」的意思，不定善、不定惡。這四個，一睡眠，二惡作，三尋，四伺。

睡眠，那是五欲境界之一，睡覺做夢所犯的一切事情不負責任的，睡覺做夢要是犯了戒，或者要是做了惡；睡覺做夢殺人，那他是做夢殺人，法律不會制裁的。說做夢殺了人，你怎麼知道他做夢殺了人？睡眠裡頭所包含的所有一切夢境，都不定善惡，夢幻嘛，是不是？

惡作，沒有什麼安心想做個什麼大的壞事，就是有些個小動作，害人也不見得害得成；語言上說個俏皮話，或者挖苦人家，這屬於惡作裡頭。或是在身體，人家在那邊走路，你把腳往外一伸，使人絆一下子，這都叫惡作，例子很多，舉不勝舉。還有心裡頭作意，想惡作，一想惡作都算事兒，但是這還沒作成。善還是惡呢？不定啊，所以叫不定。

尋，就是思、想，就是他心中所想，心中打了些妄想，想善念，也定不出它的善惡，回頭打惡念，惡念沒成事實，沒做，沒做不能算犯，必須得做。

伺呢？尋的那個心是粗的、是浮的，這個「伺」就細了，它是籌劃，也是沒成事實，但比前的那個細了；雖然細了，沒有做，他在心裡頭打主意，也就是我們平常說的心裡打主意。前頭「尋」，完了是後頭這個「伺」，是打主意、想方，想方打跳，怎麼樣搭個跳板去做那個事的意思。

因爲這些都在受、想、行、識的「行」裡頭，我們一天的一切動作，這五十一個心所有法都包括了。如果大家想知道的詳細，可以看〈百法明門論〉，有一本小冊子，專講百法的。

識，識分前五識──眼、耳、鼻、舌、身。第六是意，第七是末那，第八阿賴耶。

這是說如果把識翻過來就是般若智慧，這是妙用。把前五識一轉是成所作智，看一切法。第六意識轉就是妙觀察智，第七識轉就是平等性智，第八識轉過來就是大圓鏡智。這是轉八識成四智，都是般若智慧。

這些都是屬於法性名詞，對所謂照見五蘊皆空，能夠明了有好處的。五蘊講完了，現在講空。空，這個「空」字，跟空間的這個「空」、虛空的那個「空」不一樣的。這個「空」，各個經都有解釋，各個經解釋得不同，有的用一種，有的用兩種，有的用多種，最多用到二十種。爲什麼有這麼多種？契合當時的機會、當時的情況，對著一般的聽眾、或者學習的人，所發的語言就不同了；講某種意義的空，他就領會到了。

現在我們講般若智、講智空。空是什麼？有一種意思是沒有，空了，空了就是沒有。為什麼沒有？因緣所生法，自體不眞實的，所以就沒有，這是第一個意思。

還有一種，虛空是指沒有粗相。這個身體，我們看到它空了，粗相觀空了，細相還有！有一種微妙色，像佛的色身，他是微妙色，我們是粗重的色。這個空說空了，身體空了，不空；還有個微妙色，這個空還有這麼一種涵義。這是就身來說。

心呢？還有心空義。心空，怎麼空呢？心不執著了，心不著一切界，一切能捨。《金剛經》講：「過去心不可得，現在心不可得，未來心不可得。」三心皆不可得，你還怎麼生心呢！體會到這個意思，這就心空，心不著一物。

菩薩看一切法，如夢幻泡影。他度一切眾生，沒有眾生可度，也沒有佛道可成。他懂得空義了，就是心不執著，一切能捨。

我們講空，往往把意思錯會了，以為必須把物質消滅掉了才叫空，這個空義是錯的，是斷滅空。菩薩在物質上不執著，就沒有了；心裡沒有了，不給我作障礙了，它就沒有了。我不執著，心不著物，一切都能捨，捨的意思就是空義。

還有說法空義，我們經常講法身，法身是空的。這個空義是什麼呢？這是諸法的實相體，這個空是眞空。諸法是妙有，給諸法作有；這個諸法的有不是實有的，是依著空而有的，這就叫實際、實相。諸法本無體，但是諸法皆有依，依著什麼呢？空就是給諸法作實相。實相是無所不相，怎麼能夠無所不相，空故。如果有一相，有花就不是桌子，有桌子就不是這個錶、不是鐘，它是空的；也不是桌子也不是花，都沒有實體。空就是徧一切相，徧一切法，一切法的空義是這樣空的。法身沒有，是得，得什麼呢？得無所得，無智亦無得。

因爲要契合一切眾生的機，所以說一切法；眾生機則不能達到，這個就是般若的空義。這樣的空，才能夠度一切苦厄，本來也沒有一切苦厄。

度一切苦厄，有幾種涵義，你觀過你這個身心，但見五蘊假法，也沒有身也沒有心。這五蘊假法是因緣所合成的，五蘊有那麼多的涵義合成在一起的，分開了就什麼也沒有了。所以三界微塵聚，極細的微塵聚。

把這個道理懂了，把你的身心好好觀照一下。五蘊非身非心，這樣子我執不執了，不執著那個末那識；知道以末那識的八識的相分沒有我，這就是我執，這叫煩惱障。煩惱障了，你法身不得顯現。如果你把這個苦度了，就是分段生死了了，這是照見五蘊皆空。不過這個五蘊還沒完全空，但見五蘊不見身心，很微妙的，這個空了，就度了一半了。

一切五蘊從緣生的，五蘊法是從緣生的；緣是一切諸法生一切物，緣起法生一切物。緣起法都沒得自體，所以說緣起性空。

你對一切法還執著嗎？生滅、垢淨，都沒有了，也沒什麼苦，也沒什麼集，無苦、集、滅、道，或者一無到底了，這就把法執斷了。跟上頭諦觀身心但見五蘊，你能夠斷煩惱障，斷煩惱障就能夠度分段生死。要是知道一切五蘊是從緣生的，都沒得自體，就達到自性，達到法性了，那你的法執就空了；法執一空，所知障滅了。能知之知，所觀之見，一切如如，這就變異生死一切都滅盡的，就是了二死、證涅槃。

觀自在菩薩在用功的時候，用深般若波羅蜜多照一切法的時候，一切法不出五蘊，就是色心二法，照著空的。所謂空義，就是一切法宛然存在的，而且是觀自在菩薩的深般若空的。他照一切法，一切法也空了，一切法都變成深般若，法法皆如。他不再執著一切法，就不再受一切法的束縛，不但沒有苦也沒有樂。苦是對著樂說的，你想得一切樂，度一切苦才得一切樂；但是一切苦沒有了，樂也不存在了。對著空才說有，對著有才說空，空不異有，有也不異空。下頭再重覆一下，空即是有，有即是空；就是色即是空，空即是色。這兩種意思下文還會講的，這樣子才度得一切苦厄。

我們今天就講這麼一段四句話。現在我想聽聽大家的意見，你們有什麼意見沒有？因爲《心經》不是大經，文字不是很多但是義理很深，大家經常念，你們也有悟的地方！也許比我了解的還多，你們可以談一談你們學習《心經》的方法。

【問】：先請教一個問題，可不可以站起來問問題？

【答】：站起來問好了。我徵求一下意見，我們共同學習，一個人的智慧所知者有限，眾人的智慧就大了。或從另一方面說，你平常念《心經》、念《金剛經》的時候，你有什麼疑難沒有？你都懂嗎？不懂是怎麼不懂的？有什麼障礙嗎？想懂不想懂呢？想懂，我們就共同的學習學習？這個很開智慧啊！你不想求智慧嗎？眞正沒明了，如果能夠念念「嗡阿惹巴扎那的的」（文殊心咒）文殊菩薩智慧，入般若智慧！

【問】：空有無礙是何義？

【答】：空有無礙是你自性本具有的性體。我們在「有」上頭，有礙沒礙啊？都有障礙。因爲在「有」有障礙，你就空不了；空不了，你在「空」也有障礙。我們認爲空沒障礙，你空也有障礙，爲什麼有障礙？你不能達到眞空。你說的空是這個頑空，你的空義是沒有了才叫空，必須得沒有了才叫空；沒有了，空還說什麼呢？沒有了也不叫空了，沒有就叫沒有，非空非有。

等我們把《心經》學完了，你也差不多瞭解這個意思。我們剛才講的就是空、有、無礙，因爲「有」讓你執著就「礙」；礙就是障礙，出不去。前幾天我講《佛說無量壽經》，我舉那個董老師的例子，因爲有是實有的，實有就障礙了出不去了，他一念相應他就出去了，沒有了，他都忘了。

哈啾！（老和尚打了一個噴嚏）這是有？還是沒有？（眾笑）

我這麼樣說，你也不見得能明白，要明白就開悟了。眞的！明白就開悟了。空有無礙這個問題，佛所說的法就是這麼一個法，都是空有無礙。

我們講極樂世界、講《佛說無量壽經》是有、是空？有，你去不了！十萬億佛國土！有，你怎麼去？說空的，那有極樂世界？我還要生？生了我還要享受？還有那些樓臺殿閣，是有是空？空有無礙，空即是有，有即是空，這個道理得要多參一參，這就叫觀照般若。

多用這個智慧思考，為什麼要用智慧呢？觀自在菩薩用的是行深般若，我們用個淺般若，先觀一觀。我們用文字般若，從文字上我們產生問號，多問一問吧！

【問】：師父！我們每天都要誦經，比如每天誦《心經》，不一定所有經的意思都懂，這樣子誦經有沒有用呢？是不是一定要明白它的意思？

【答】：你明白著誦，跟你不明白著誦，兩個的效果相當不同。完全明了了，明了了還要誦嗎？明了要誦，要誦就要證得，這就叫「行」。

我們雖然明了了，我們是從文字明了的，從語言上大家明了的，眞正實在的意思你沒有懂。譬如我說：「這杯水是熱的。」你說：「對！這杯水是熱的，剛燒開的。」其實這杯水是冷的，你得喝一喝才眞正知道是冷、是熱。我說是冷、是熱，你都不能知道。我說空跟有是無礙的，我是說無礙的。假使說我理解無礙了，你還沒理解啊！我怎麼說，你還沒有明白；我證得了，那你更不見得證得了。所以我們誦的時候是假明白，你誦久了眞正明白了，那就眞明白。

【問】：她問的意思是說，不懂經典的意思，那麼誦有沒有用？

【答】：有用，一樣的。好比我完全都不懂，我誦它，誦一誦，你自己就會懂了。

【問】：不懂啊！我誦很久了都不懂。

【答】：誦很久？你誦得還少呢！你誦幾年了？我誦《金剛經》六十多年了，你還沒我這誦經的年歲大啊！（眾笑）但是，你到一定時候，你可能淺顯的懂一點了，你承認這個道理是對的，這個承認就不容易了，信而不疑，你漸漸就能入進去了。

般若的本身，就是非空非有！智慧是光明的，是有嗎？你把你的智慧拿出來給我們大家看一看，誰也拿不出來！誰拿得出來？你說沒有，但你很明了！你用什麼來聽？那就是智慧！這個有跟沒有，你說不出來，是不是？要多讀！好多經我也不懂，像《華嚴經》很多懂也不懂的。我從一當小和尚，一入佛學院就是學《華嚴經》，到現在六十四年了，我還不大懂！（眾笑）還不大懂！我以前念的就是念〈華嚴三品〉，《華嚴經》我也講了幾遍，講一次得好幾年，差不多得四年。不懂你怎麼講呢？文字懂啊，證得了不容易，證得就了脫了。

「若以色見我，以音聲求我，是人行邪道，不能見如來。」這是《金剛經》上的話。《金剛經》是這麼說，這就是般若義。「以音聲求我」，音聲是我們的說話，說求佛、求地藏菩薩，我們現在念〈觀世音菩薩普門品〉、念《地藏經》，不是求菩薩念嗎？這就是識。如果不用音聲求，怎麼能跟佛連繫上呢？這是叫你不執著而已。不從色身見，你又怎麼能見呢？或有人想見夢參，你不要用色身見，沒有我，我不是，那他去見誰去？這該有初步，有事有理，先得了解事，後頭懂得理，理事無礙了，你才說：「以音聲求我不可以，離開音聲求我也不可以。」得翻過一下子，我離開音聲求了，可以不可以？說我要實相般若了，那我要文字般若幹什麼？你沒有文字般若，沒有觀照般若，你怎麼能證得實相般若？

不以色身見我，要以什麼見呢？你見即不見！我以色身見你，我沒見到；我見到的不是眞的，我見到的是假的。你看到的這個身體有一個問題，你想想看，你說你照的相片是眞的、是假的？你身體是眞的，還是相片是眞的？沒有一個人說相片是眞的，當然是我的身體是眞的。一百年後你死了，相片還保存得很好，子孫後代一看：「這是我的老祖父。」他們能見到。你說，相片是眞的？還是你的身體是眞的？這兩個都是假的（眾笑）。但是，他可能用它來做媒介，他一見到就說：「這是我祖父。」音聲是假的，如果是觀世音菩薩在《楞嚴經》的二十五圓通裡頭，他是反聞自性，聞到自性時，聲音是假的；沒有聞到自性時聲音還是眞的！知道嗎！這個道理就在這裡翻過來說。

可是，如果音聲是假的，我一念地藏菩薩、念觀世音菩薩，那我這聲音達到了，是我求的就好一點，我就愉快了。那是假的，以假得眞，以假作眞。因爲假的裡頭含著眞，眞的就是假的，眞的也是假的。說眞如，眞如是個名詞，口裡說眞如、說佛性，就是佛性？那不是名詞嗎？還是音！假的，都是假的；但，以假修眞。

身體是假的，是假的不錯。你說它造罪，你別讓它造罪，你讓它修福不是一樣的嗎？你說身體本來是假的，修的福也是假的；修的福也是假的，比你讓身體造罪的那個假的不是好得多嗎？

你說享受是假的，吃苦也是假的！兩個你都得到，爲什麼你要好的，不要壞的？這要看是在迷，還是在悟。在悟，音聲是假的，色身是假的。這個人要入音聲、要見身形，是行邪道，心外求啊。音聲是你自心，色身也是你自心。《楞嚴經》不是譴責這些個，是讓我們反聞聞自性，別去外頭追求音聲，要是這樣去見了，你永遠見不著如來。

般若心經講述（上卷）終

般若心經講述（中卷）

『舍利子！色不異空，空不異色，色即是空，空即是色。受、想、行、識亦復如是。』

我們上面講的是五蘊皆空的道理，現在講眞空，眞空就是般若空。怎麼來顯示般若的空義？剛才念的這幾句經文就是顯示般若的空義。

知道色空了，五蘊法分析色空爲什麼是空。現在就講般若空義。這個五蘊的空，是因爲有般若觀，五蘊才空的。這麼一照就有智慧了，「照」的意義就是智慧。「蘊」，五蘊法是幻化的，是因緣生的，沒有眞實的。以下就講講般若的意思，講般若眞實的空義。

這段文很簡單，但是義很深，就這幾句話。

「舍利子」，是觀世音菩薩跟舍利弗說的。舍利子是一個大阿羅漢，證得了無生，是佛的弟子。「舍利」翻作「鶖鷺」，是鶖鷺鳥的眼睛。因爲舍利弗的母親的眼睛像鶖鷺鳥的眼睛一樣，按照印度的意思就是美麗眼睛的女人。舍利弗是她生的，美麗眼睛的兒子。「弗」字就翻「子」，就是舍利子。印度人取名字，就跟我們南方有的叫阿貓、阿狗的，什麼名字都有，涵義是沒有什麼，什麼因緣就取什麼名字。舍利子是這一會般若義的當機眾。

以下解釋這段文。先講這一句「色不異空」。一切的色法，凡是世間萬法，只要有形有相的，都是幻有的，就是說因緣所生的法，沒有實性的。因緣生的是幻有，幻有的就不是眞實的，但是它又確確實實，我們看到，一切萬法確實是有的，但是這個有是沒有自性。因爲沒自性，本身就是空的，幻有就是不實的。同時，這個色本身並不能表現，色是無色，無色就是一切法本身不存在。爲什麼？性空故，沒有實體，一切都可壞性，都是壞的。但怎麼又有呢？性隨緣故，眞如隨緣而有萬法，所以萬法沒有自性，因爲色法的性沒有實體，所以是空的。

就像是海水，或什麼水都可以，風一吹就起波浪，這個波不是水，卻是從水而起的，又不能離開水，離開水還有波嗎？是不是？這個「波」就比喻著一切色法。水的性體是濕性，以濕爲性，那麼水的濕是空的。從水而起的這個波，就是色法的意思。離開水還有沒有波？離開水沒有波了，波即是水。所以波跟水不兩樣，也就是色跟空義是不兩樣。

「異」就是不同，「不異」就是同的意思，色跟空是同的，一切色法跟空是同的。這就是性體隨緣，隨緣不變的意思。性體是眞實的，但是所隨緣的一些幻有是因緣所生的，沒有實體的。

反過來是「空不異色」，因爲空才有幻有，四大造出種種色法，因爲空，我們才能建築房子，空中能容納一切，沒有空怎麼建，沒有地點你怎麼建，你必須要有個空地！這是形容空。空幻的地、水、火、風這四大是假合的、空幻的，空中沒有四大假合，但是四大假合要不依著空怎麼能建造呢？因此說空跟色不異，說是空幻的一切色法，色跟空是不異的。上頭是「色不異空」，現在是「空不異色」，空跟色也不是不同的。

要反過來說，上頭是隨緣不變的，這個就是不變隨緣，把空擺在前頭。空裡頭不見得有形相，不見得有什麼名詞，一切都不立的，但是這個形是從幻化有的。空中沒有這所樓房，是從空中幻化，我們修了這所樓房，這樓房本身是空的，因為它是壞的，空是不壞的。

顯現水的時候，我們知道這是因水而起的波，因波我們知道是水，水跟波不異的。上頭是波不異水，這就是水不異波；上頭是「色不異空」，現在是「空不異色」。這兩句話，我們要知道，我們的心體，說眞如，大家不理解，說我們的眞心性體隨緣是不會變的，隨緣只是隨緣，隨著一切幻有不是眞實的，是這樣一個涵義。下一句「空不異色」是不變隨緣，雖然是不變的，但是能夠隨一切緣而能生一切諸法。

這四句話我們重新講一次。「色即是空，空即是色。」空、色本身就是不可分的意思。「諸法無自性，緣生而有相。」一切諸法沒有自體，因緣生了就有相。「我」本身不存在，因爲父母的因緣，加上我們那個事，就有我這麼一個人了，有這麼一個人就拿了一個名字，也有這麼個實體，一百年之後，或者死亡了，不存在了，這個人沒有了，名字也失掉了，緣沒有了，因緣散了，因緣滅了。緣滅是不是消滅呢？沒有！它回到它的體，那個體，或者實體也可以，或是眞心也可以。諸法沒有自性的，是緣生而有一切相，有一切的假名。

因爲沒有自體，所以能夠緣生幻一切色法。如果有一定體，幻不出來了，定一而不能幻其它。沒有自體，不定的，而能幻一切。所以無性的那個眞如的眞空，能夠幻生一切的幻色，幻出一切色法。

這就是說，體是因相顯，相不離體，那麼空和色是不二的。因色顯空，因空而成立了色、建立了色。所以說，一切法是幻有的，不是眞實的，那就是眞空。眞空之外沒有幻，所有的幻都是假法。

這個道理要多思想一下，從語言上頭不見得能入得進去，說了也不見得信。說眞如能夠隨緣，隨緣而能建立一切法。眞如隨緣的時候，萬法即是眞如，眞如即是萬法。

前頭還說個「異」，這個更深入了。前頭那個「異」是爲什麼呢？爲的是說「色不異空，空不異色。」那個只是用眞空，眞空斷一切色，是但空之理。「色即是空」、「空即是色」兩個，事理相合了，事即是理，理即是事，這就是從空幻有一切諸法。雖然有一切諸法，一切諸法沒有自體，還是眞空，所以它們兩個分不開的，就加個「即」字，而不加「異」字了。

五蘊色法更深一層的解釋，前頭只說一個「空」字，現在要把它從空出假，從假還空，又講了這麼八句，這是深入一層。前頭如果是聲聞乘，這個就是菩薩乘。

如果這個比喻記不得，你就記住，眞如隨緣的時候，眞如有隨緣的得，既然隨緣了，所以在《華嚴經》講「法法皆如，事事皆眞。」因爲它本身就是眞如，眞如隨緣的即是眞如，就這麼一句話。

例如說，我們隨緣照一些相片，隨緣了，一切因緣熟了，到哪兒去照了一些相片，這個相片是你、不是你呢？如果拿著這個相片對照你，你不能說不是你！但那是相片，不是你啊！要多拿這個道理這麼想，眞如隨緣了，隨緣了眞如就是萬法；那萬法因眞如而起的，萬法即是眞如。但是眞如是不變性，不變而能夠隨緣，那萬法即是眞如，返歸於眞如。

就像釋迦牟尼佛的千百億化身，這個化身不是眞身，化身所顯的是他的眞身，依眞而起的。這個道理要用思惟觀，我們是從文字上這麼說，等你觀照，觀照到你自己心裡理解了，你才能知道。

這四句話加起來就是「色不異空，空不異色，色即是空，空即是色。」那麼「受、想、行、識亦復如是」，現在把這一句「受、想、行、識」說一說。

五蘊不是色、受、想、行、識嗎？色是色法，受、想、行、識是心法。「色不異空，空不異色，色即是空，空即是色。」「受」呢？受也如是，「受不異空，空不異受，受即是空，空即是受。」乃至於識亦如是，「識不異空，空不異識，識即是空，空即是識。」他是舉一個例，五個都可以這麼樣的來做一個顯示，解釋的意義跟「色不異空，空不異色」都是一樣的。

我們再解釋一下。「佛說一切法是度一切機」，「一切機」不存在的。說「終日度眾生不見眾生相」，如果有眾生相就落入愛見大悲了。二乘人不敢度眾生，他怕墮落，其實不會墮落，他若證得空理不會墮落的；不敢度眾生，他把眾生當做是眞實的，把一切法看做是眞實的；我是空的，法是實的，他認爲五蘊法是實的；我執空掉了，但是法執不能斷，他以爲法是有的。菩薩雖然利益眾生，看眾生受苦，終日度眾生，但不見眾生相；如果他有執著的心，那就是法執了，就有執著了，有執著了不但度不了眾生，連他自己也變成眾生了，就是這個涵義。

所以那些修「父母未生之前誰是我？生我之後我是誰？」乃至於禪宗的「念佛的是誰？」都是要達到眞如的理。隨緣那個，我們要找那不變的。他這樣參啊，參到了，知道了不變，就印得那個眞如。「父母未生之前誰是我？生我之後我是誰？」究竟我是誰？這個道理你要自己參，假如參明白了，就眞明白了。現在你聽來的解釋，還不能明白，就是明白了也是假明白。

所以法是要自己去修證，像你在這兒坐著聽經，誰來聽經？能聽經的是誰？所聽的又是誰？所聽的法是什麼？沒有能、所！能沒有，所也不存在！把這幾句話翻來覆去的多做思考，這叫般若智慧。觀自在菩薩行深般若智慧，他說照見五蘊皆空，這個「照」不是分別，是智慧照，照就是覺。覺了一切諸法，一切諸法不存在的、空的，不被它所轉變，這叫用心轉境。要是能明白，轉得動了，那就是佛。

《楞嚴經》上講：「心能轉境即同如來。」要是心被境轉了，就是眾生。我們現在就是心被境轉，現在還是在轉，我說上句話，你就隨我上句話轉了，我說下句話，你就隨我下句話。你不隨我轉，你坐在那兒，言行思惟，不隨境轉了，你說的沒有，我聽的也沒有，無聽無說。要是達到這種境界，那就色不異空。更能夠證到眞實了，你即是我，我即是你，阿彌陀佛就是我，那就是色即是空，一切的境就是我心裡變現的，境就是我的心，心就是境。眞如隨緣，成了萬法，眞如就在萬法裡頭。眞如還是沒變的，萬法幻化的景象消了，眞實就顯現。

我們這麼一潭水很混，隔一陣子，等到水靜下來，灰塵都落地了，水就清涼，一清涼就什麼都顯現了。我們現在就被一切境、一切事物把我們攪得很混亂，趕緊沈靜下來，心就清了。爲什麼要習定？習定就是把你沈澱清淨下來，清淨下來才能明白。現在的明白是文字上面，文字上有時候還透徹不了，即使你透徹了也是假的，還沒有實在的弄通，解決不掉問題。

要是你肚子很餓，你走在街上，看到那個小攤上擺著很多好吃的，你知道這個東西吃下去就飽，肚子就不餓了，但是你得吃下去！怎麼吃呢？拿嘴吃嘛？不行啊還有過程，還得給人錢，還得買下來才算是你的。你若沒買下來就吃了，你還要吃，他又不給你，兩個人又打又搶又鬧的。你得買到手，等你從嘴巴裡眞正吃下去了，肚子就眞飽了。你若是明白這種道理，得自己受用一下，眞正去修，修完了，你體會到了，雖然不能一切全這麼湊上了，你就達到那個心信，信完了能解，解就是明白，能夠明白這個道理是這樣子，然後再去做去行，行了之後才能證得，才能知道這個色要怎麼樣才不異空，要參一參啊！明明色是色，怎麼說它是空的呢？

你不能隨語言轉，你自己問自己，明明是個鐘，爲什麼說它是空的呢？這是色，說這個色不存在，它是空的，因緣和合的，你找找它的因緣吧！看看它的原材料，造成它的主要是人工；若是機器造的，機器是人操作的，最初生產的那個機器是人做的。這個是因，外頭這些材料是緣，因緣和合了，緣合才有，這個東西就有了；如果分離了，缺一樣就不存在。你必須通過自己觀察，就是觀照般若。等你眞正明白這是怎麼一回事了，就證得那個實相了，證得實相的時候，這個東西不存在。

首先，我們通常在東西壞了之後，沒有了，才知道這個東西不存在。有的時候，還因爲存在，這時一切萬法都是眞有的；眞有的，你就迷糊了，就隨它轉了，但這一切都是不存在。所以要想把五蘊法觀空，不是那麼容易做到的。

我們對於財、色、名、食、睡，一樣都放不下。這都是萬法，都是境，這些境本來沒有，你要去執著，所謂「酒不醉人人自醉，色不迷人人自迷。」是你要迷，並不是別人加諸你，要你迷啊。這個道理可能大家就清楚了，你不喝的話，它醉不到你，是你要喝的。你能不能喝酒不醉？那你得先把身體觀空了，這個酒到了空裡面，當然醉不了了，你把身體觀空，不但酒迷不倒你，任何事物都迷不倒你。

這個道理並不是我們講了大家就能深入，我也不能使大家立即能很深入的開悟，不可能，本來大家都是開悟的。如果是上上根機的人，他一聽到，不要人家解說，他自己就知道了；他在解裡頭就有行，在行裡頭就有證，信、解、行、證是一個。因爲我們的根機沒那麼深厚，層次就多了，層次愈多愈複雜，愈複雜愈不能入。語言愈多了，說得多了，解釋才能明白啊？愈明白，道理就愈糊塗。很多問題是這樣子，愈明白愈不清楚。我那天跟大家講的說不清楚，就是這個涵義。能不能把它說清楚？能說清楚。到什麼時候呢？到你眞正明了了，就說得清楚。

這些法要跟舍利弗說。舍利弗是智慧第一，他現在就清楚了，因爲他已經得到了初步的，再深入，他就能清楚了。

我們要知道，一切法都是契機的。契理的不要說了，佛所說的都是契理的。怎麼樣契機？契機的話，眾生就能明了。我們根本還不明白因果，一切諸法因果我們不能夠詳細知道，我們不知道因果就是因緣，對於一切法都是緣起生的，我們還不能深入理解，不知道緣起生的這個有是虛妄的妄有。我們就執著身心，對自己的身心執著得不得了，乃至於由我身心發出來的都是對的，我們每一個人都是這樣子。我的一舉一動都是對的，乃至四、五歲小孩，他媽媽或爸爸要是說著他，他不聽，認爲他是對的，他會聽你的嗎？大了更不要說了，大了都有一套。所謂一套，就是迷戀那一套、執著那一套，他執著有身體、有他的知見，知見就是心。執有身心，就昧了空理，不知道色不異空的意思，也昧了空不異色的道理，這就叫凡夫。

對凡夫說一切諸法都是有的，漸漸引用方便說法，讓他斷絕這個有，證得空義，破除惡知惡見，才達到消滅人我執，進入了但空義；但還不能達到法空，那必須得漸漸再往前修。像舍利弗，現在就往前修，達到法空的理；懂得法空了以後，才進入中道；人空、我空、法空，這樣才能進入眞如、進入中道。

凡夫執著萬有，把身心當做是實有的。有我，有我就有我所。我們昨天講的五十一個心所，都是你心裡所有的，從你心裡所產生的。

要是二乘的根機呢？那就不同了。二乘的根機是不了一切法的法空義，不了緣起性空義。他認爲五蘊法是實有的，法是有的，我是空的，這就是聲聞。緣覺呢？他了解諸法是因緣生的，他悟到一切生長發展的緣起，像樹葉爲什麼要落？爲什麼要生長？但沒有達到一切諸法無自性；達到緣起，而性空的那半面還沒有達到，所以叫做緣覺，覺悟的還是不徹底。

菩薩呢？他照了一切諸法，在色與空之中，就知道空即不空而不壞諸法的法相，這叫眞如隨緣而不壞諸法的色相；緣生無相，隨著因緣生的而沒有自體。他悟到緣生無性，隨緣不變，不變隨緣，這是菩薩證得的道理。

對這幾種「機」，機不同故，大法也只是隨著他思想歷練所證得的情況，他轉境也只能轉到那一部分，另外的就轉不動了。如果眞能夠徹底的轉境，那就是在我執、法執上悟了中道義了，一切皆如如，那樣才能達到。

這十四句話，不是我們一次學學《心經》就能夠達到這種理解，這都需要讀好多部、好多部的書。像我們要把唯識學學通了，才知道八識是怎麼樣的？為什麼要有八識？七識怎麼來的？你自己就問一問吧，為什麼我要分別嫉妒？為什麼我要執著我？聽聽別人的意見不好嗎？當然，世俗話是這樣說。這部經不是一遍、兩遍的就可以通達的，將來我們講《金剛經》可以重頭來。

『舍利子！是諸法空相，不生不滅，不垢不淨，不增不減。』

我們前頭這幾句只是破妄執，「舍利子！是諸法空相，不生不滅，不垢不淨，不增不減。」這就是顯性了，就是性體。剛才我們只講隨緣義，這裡講不變義，就是六種「不」—不生不滅、不垢不淨、不增不減，這就是諸法的空相。

什麼是諸法的空相？空有沒有相呢？有啊！是什麼樣子的呢？不生不

滅就是空相！不垢不淨也是空相！不增不減也是，這「六不」就是空相。

空相是什麼樣呢？空相就沒有了，空相還有相嗎？有相就不空了。有，有什麼相呢？實相，眞正實實在在的相。實實在在的相是什麼樣呢？就是不生不滅、不垢不淨、不增不減。

不生故隨著諸法生，不滅故隨著諸法滅，應因緣而起滅，但是它是不變的。這個實相就是以前的那個一切諸相，一切諸相皆是虛妄，又見諸相非相，就見著實相。實相是什麼呢？眞空的實相是沒有狀況的，什麼樣子也沒有，什麼名詞也沒有，就是實相，實相就是無相。

以下就說實相的樣子，是不生不滅、不垢不淨、不增不減，你要在這裡找實相吧！這有事有理，然後達到理事無礙。

一般說世間法—俗諦，你觀看世間法的一切相，世間法的一切相就有六種。哪六種呢？就是生滅、垢淨、增減，這叫做世間相。我們再觀出世間相，從俗諦觀是觀事，從眞諦觀是觀理，我們說的那個性體是理性，性體就沒有了。法空的眞義是什麼呢？沒有，根本就不說什麼生滅、垢淨、增減，原來就無生還有什麼生呢？無生還有生滅嗎？一切都沒有了。諸法空相，空裡頭、眞諦裡頭，觀理性體了，一切都沒有，不但不住一切相，連名字都不立；本來就沒有，何必強安呢！這是從眞諦觀。

眞隨俗故，有生了，生即無生，滅即無滅；沒有什麼叫垢，也沒有什麼叫淨；沒有什麼叫增，也沒有什麼叫滅。

我們有些道友提出疑問，說現在人這麼多，人界增了，其它的法界就減了？那就是不明白不增不減的道理，沒有減少，也沒有增多，因爲我們見到的不全面，若見到全面，你就知道不增不減。因爲一切色法從緣起，眞空沒有生，是緣起的，不是眞空生的。色是從緣起的，色又從緣滅了，那只是因緣而已，因緣的生滅跟眞空毫不相干，但是它隨緣，滅也好，生也好，生滅對他沒有什麼關係。所以見到死，他也沒有憂愁、沒有煩惱，他對死的觀念沒有了；生，也沒什麼歡喜。他把生滅一切諸法看作自然現相，生就生，滅就滅，隨喜自然。

垢淨、增減都如是，都叫有爲的法相，有爲有作。你達到無爲無作，就是眞空了，就是顯眞空之相。

前頭是破知，這是顯性，以下就破妄。因爲上頭把空相、有相，兩個都這麼說一下子。他說諸法的空相是什麼呢？就是五蘊、十二處、十八界。眞空實相又是什麼呢？無相。諸法就是有爲法，空相就是無爲法。在有爲法裡頭，有生有滅、有垢有淨、有增有減；因爲有生滅、垢淨、增減，所以才說個「不」字！你要想得到，是得不到的，無得。

你所得到的是空的，眼前空花讓你喜歡一下子，但是萬法常如是，世間相就是這樣子，永遠如是，不會因爲你死了，這個世間相就沒有了。說我因爲這法是空的，世間相也就沒有了，不會的，空的是你自己的自性空了，是你不執著而已，萬法仍然如是，這就是眞理隨緣、隨緣不變、不變隨緣，這就是華嚴義。《華嚴經》就是這樣講的，一切諸法，塵塵刹刹，永遠如是，你隨拈一法無非法界，隨拈哪一法都是眞理。你到這個境界，才能夠達到「於一毫端現寶王剎，坐微塵裡轉大法輪。」因爲是空的，能容一切，好多都容得下，他把一毫端或一微塵變成眞如實體。眞如實體是什麼呢？沒有！眞空能容納一切，而且又隨緣了，隨緣就有萬法。

這個意思你要反反覆覆的參，不是一部經、兩部經而已。經典愈多，愈能顯示其中的意思。反正整個佛經，不是有就是空，不是空就是有，看怎麼說空、怎麼說有，說法不同而已。我們講般若，般若什麼都沒有，智慧嘛！光明嘛！又怎麼能證得般若？怎麼能顯示般若？那就是般若隨緣。般若的本體是眞空的，般若是智慧光明體，這跟《佛說無量壽經》是一樣的，經經都如是說，道理也都如是說。但是這個道理得不到，也證不得！

『是故空中無色，無受、想、行、識，無眼、耳、鼻、舌、身、意，無色、聲、香、味、觸、法，無眼界，乃至無意識界。』

前頭一個眞理，一個諸法隨緣義，然後是破妄，因此，是故空中無色，無受、想、行、識，無眼、耳、鼻、舌、身、意，無色、聲、香、味、觸、法，無眼界，乃至無意識界，一直破到最後，一切皆無。這是破妄，先破五蘊法，五蘊裡頭有十八界、十二處，以下完全就說名相了。

五蘊的「蘊」字，有時候是用陰陽的「陰」，但「陰」字包含不了「蘊」的意思，所以就用「蘊」這個字。「蘊」是蘊藏義，蘊藏什麼呢？蘊藏了五蘊，就是色、受、想、行、識，蘊藏了色法、心法，所以說個「蘊」就什麼都有了。這個「蘊」有時候是覆蓋義—蘊覆。又有說它是積聚義，蘊藏在一起就是積聚。

覆蓋義是什麼意思呢？就是不管是色也好、心也好，把你的本性覆蓋住了，也就是妄想煩惱把你原來靈明清淨的本性覆蓋了，什麼都看不到了。像一面很大的鏡子久了也不摩擦，落的灰塵很重，你走到鏡前替小孩子照個相，結果灰塵把光明蓋覆住了。

積聚義呢？我們這個肉身，由色、心組成的，積聚在一起。諸種因緣—地、水、火、風、空、根（見）、識，空、根（見）、識這三個心法，地、水、火、風四大種是色法，組成我們人身的就這七大，《楞嚴經》就講七大義。由這些組成了，積聚成身之後，在這積聚裡頭就含著無明、塵勞、煩惱，如此一來就糾纏不清了。五蘊是隨緣而有的，誰隨緣了？眞如隨緣，也就是眞相離體，隨緣而有這些相。

「處」是處所的意思。剛才有個道友問我們這個七識、八識是怎麼產生的，你要注意聽，這裡就是講怎麼產生的。處是根和塵，根和塵就產生識，識所生的就是十二處。眼根、耳根、鼻根、舌根、身根、意根，這六根再加上外頭六塵—色、聲、香、味、觸、法，然後根塵相遇產生了識，識就是在這十二處生的。根和塵只能說十個，眼、耳、鼻、舌、身、意，意先不要說，眼、耳、鼻、舌、身，色、聲、香、味、觸，這十個，再加上意和法，這樣才是十二處，主要是這十個產生意和法這兩個。這一切都是這樣產生的，第七、第八，乃至一切識都由十二處所生的。識以了別爲義，也以含藏爲義。

再說界，界就是把這三個再加起來，把根、塵、識三個合攏。根是眼、耳、鼻、舌、身、意六根，塵是色、聲、香、味、觸、法六塵的境界相，識是六識、七識、八識，這裡只說是六識，說十八界，沒說七識、八識。這六根、六塵、六識，根對塵什麼作用都沒有，只是相對而已；所起作用，能分別、能了別的就是識。眼識，眼看到一切色，眼根對色是沒有分別的，但這個識分別出來了，知道這是紅的、藍的、白的、綠的，都是中間這個識，光是根跟塵是不起什麼作用。像人如果沒有識了，你跟外面怎麼樣接觸都沒有感覺。我們要是看病、開刀打個痲醉針，把你的識痲醉了，人家怎麼給你開刀，都沒有痛覺，什麼感覺也沒有，識痲醉了。這個道理，大家應該很容易懂。

但是這些東西一相合了，十八界相合了，根、塵，你要是迷了的人，根、塵重的人全迷了。迷了的時候，你對這個色本來不迷的，沒有什麼，但是你迷了、著了，好的就想取，不好的、你憎惡的就想捨，迷所表現的就是這樣子。眞正迷了，什麼都不知道，神經病、精神錯亂，他什麼都不知道，他那個識不起作用，喪失識性，就是他那個能分別的識沒有了。怎麼沒有的呢？以下還會講的。

在眞空理之中，沒有這些東西，也沒有什麼色、聲、香、味、觸、法，沒什麼眼、耳、鼻、舌、身、意，沒什麼色、聲、香、味、觸、法的眼界乃至意識界，什麼都沒有。

我們來講講這個「界」字，界有兩種解釋，一種是能生義，一種界生義。例如《華嚴經》講法界，這個法界的「界」就當「心」講，能生萬法。一切法就是界生的，這又是法界，法界是無界限的「界」，是生長義，但是我們這個地方所說這個界，此疆彼界，界限，它有個分際。說色，色不是生，那麼其它的一切六塵境界都是不互相混亂的，都有各自的界限，眼根不是耳根也不是鼻根，也就是各有各的界限，各人有各人的職責，各人有各人的功能，十八界都各有各的界限。

空裡頭不但沒有五蘊，也沒有六根；不但沒有六根，也沒有六塵。總的說來，都沒有，空一切諸法，一切諸法把這十個都包括完了，這就是破妄。這些法都是妄法，獨立時並不存在，必須和合集聚起來才存在。如果沒有六塵，六根還有什麼作用，你還分別個什麼，什麼都沒有。六根、六塵有了，沒有六識還是不行。所以變成和合義，和合義就是緣起生的一切諸法。但是從哪裡生的？從空中生的！沒空能生嗎？空又生在什麼地方呢？《楞嚴經》說：「空生大覺中」，「大覺」是什麼呢？是佛！我們反過來說，未覺的時候生不生呢？未覺也生，就是我們眾生，眾生這個名字就是眾法和合生起的，叫做眾生。這個是顯示破妄，把外面的境界相全破了。

以下要破十二因緣，把十二因緣的流轉還滅，怎麼樣生起，怎麼樣還滅，要破掉這個。前頭是破五蘊，之後破十八界，後頭就破十二因緣。

『無無明，亦無無明盡，乃至無老死，亦無老死盡，無苦、集、滅、道。』

因緣法是緣覺的法，苦、集、滅、道是對聲聞說的法。聲聞是因爲這個悟道的。緣覺是有佛出世，緣佛所說法的聲音而悟道，另有獨覺是生在無佛世自悟道，自己觀察十二因緣的生滅而悟道，緣覺有這兩種。

我這裡寫著十二因緣法，分量很多，本來講《般若經》都不講這個，略微提一下就過去了。我們對五蘊、十二處、十八界都已簡單說了一下。這個緣覺法根據我們過去的因、現在的因、未來的因、現在的果、未來的果，這裡頭複雜的情況很多，我們多說一點。假即是眞、眞即是假，眞眞假假、虛虛實實，這是我們常說的話。過去有二種因，現在我們受的是過去兩種因，我們感現在的果。現在的果不是一個，是五個，大家過去可能沒有這樣聽過—現在的五果、過去的二因。

過去的兩個因是無明和行。無明是什麼時候起的？無始有終，什麼時候把無明消了，無明就沒有了。過去的無始是什麼呢？煩惱。無始的煩惱一直沒有斷過，煩惱的根本就是愚癡，愚癡就是沒得智慧、沒得般若，沒有智慧就以愚癡爲體，所以生煩惱。有智慧的人不生煩惱，因爲諸法都是假的、空的，你何必在這空的裡面找一個眞的東西，不是自尋苦惱？就是這個樣子。談情說愛，愛到不可開交的時候，倒不如一起自殺，這就是煩惱；煩惱完了又留給來生去煩惱，就永遠煩煩惱惱，這麼流轉不息，這是癡根本。他說迷了，昏暗是它的體性，迷暗爲性，叫做無明。

因爲一念無明，在〈起信論〉講，「依不覺故生三種相」—無明業相、能見相（轉相）、境界相（現相）。八識是怎麼生的？就是因爲愚癡昏暗而生了八識，無明生了八識，無明不覺生三相，業相，這個就是八識。轉、現，轉是業識的見分，現是業識的現分。第七末那就是從八識的現分分出來的，執著爲我，恆審思量常爲我。從無明以來，無明不覺就妄動，要想找境界相，這樣就流轉世間，愈轉愈粗，這就是生死根本。我們的生死根本就是無明，無明就是愚癡、昏暗，我們要明白般若智慧，把這昏暗照破，把它消失了，就行了。

我們經常說無明緣行，昏暗了、迷了，不能停止，它繼續的要工作。工作是什麼呢？就是「行」，行就是運動義。這運動義依著過去的無明煩惱，就發動身、口、意。身、口、意又把它造的種種惡業，總說是十惡業，由身、口、意造三業，這裡頭也有好事叫做福業，也有壞事叫做惡業，也就是善業、不善業，都是行所造出來的，這就叫行，運動不停，從來不停。這就產生果了，就是五果—識、名色、六入、觸、受。

「識」就是識體，就是我們的業識。我剛才說的三相是一個，詳細分了才有業相、轉相、現相，要知道八地菩薩才斷現相，九地菩薩斷轉相，十地菩薩斷無明業相，等覺菩薩斷習氣，還有習氣呢！這就是迷糊的力氣，因此就有這個識了。這個識是我出入胎、死亡的時候，走得最晚，其餘都走了，識還不離體，眷戀這個肉體，最後才走；這八識給它定義，去後來先，它就是主人公。所以說，識是貪愛而起的。

這個識就是出入胎的識，過去的惑業所感的業力就是這個識的動力，這個動力催促它，就成熟爲果。這個果在那個時候的因，感到未來，經過變化，叫做異熟果，而且投胎了。投胎得有因緣，那個緣就是你父母。各人投的父母都不同，因爲有緣！有業緣。是好緣還是惡緣呢？不一定，惡緣也有。有時候他臨死時，你把他害了或是怎樣了，他起個惡願：「好！下回我變成你的子女。」然後就來找你的麻煩，可不是來孝順你的。這叫做現世的生命體——名色。

最初的胎相沒法給它定名，就叫做「名色」。這個「色」是心相的，「名」是心法的，咱們就說它是精神。這個時候精神投胎了。投胎後，它逐漸的變化，經過七個七，這裡我們不講，再講就太多了。

有一部《入胎經》說，色就是它的眼、耳、鼻、舌、身、意，七天一變化。七天一變化，到七七四十九天了，漸漸的四肢才有。最初是父精母血加那個識，很淡的、一點點，什麼實體都沒有，像一滴水那樣子，但它不是水，是混濁的；父精母血混合它的識，染識成胎。所以最初的胎就叫「名色」，將入胎的時候，沒有名字，沒有形相，它經過胎裡的變化，逐漸的六根完具了，乃至於成長、成熟了，十月懷胎，滿足了就生下來。

生下來之後，他就感覺到痛苦，小孩子一出生就哭，那個時候非常的痛苦，他跟外面的風一接觸就有了觸，就感覺到非常的痛苦。他的眼、耳、鼻、舌、身，就要入於色、聲、香、味、觸、法。法是意根入的，這時候前五根入於五塵，就是六入，這就定位了。等他生下來，就知道根入於塵。對於逆境的，他就痛苦，就哭鬧；順境的，他就高興，就不哭不鬧了。雖然很小很小，他就知道了。

觸就是感覺、接觸，一接觸事物了，意識就開始。等他出了胎之後，到二十歲之間，就知道接觸事物了。一接觸，他對苦樂，沒有憂思，他還不知道憂愁！小孩子沒有什麼憂愁、不憂愁，就知道接觸，好的他就喜歡貪愛，不好的就排除，這是剛一接觸的情形。

等接觸完了，他就有受。從識、名色、六入、觸、受，這五個就是果，就是前頭所造的惑業苦果，凡是受投胎的，沒有一個是樂的，一接觸就是苦。受是領納義，就是領受你接觸的一切事物。這個得大一點，差不多六、七歲。現代的小孩聰明，發育得快，到了三、四歲就生起了種種的分別，好的他就要，別的他想排除，這叫受。

愛、取、有。現在我們所經過的一切境界，愛還是執著，就是看到他喜歡的就想據爲己有。這在小時候還不行，得到十四、五歲漸漸發育了，這個愛完全指著情愛說的。你看六、七歲的小孩，男孩子要跟女孩子玩，女孩子要跟男孩子玩，什麼原因？愛啊！這是現在的因，它一生下來是要給未來做苦果的，因果循環永遠不停，業來他就接受。

他自己十四、五歲就生起種種強盛的欲感，食色性也，中國儒教孔夫子說那是自然的。這是因爲他過去的三因完了所受的五果，這個五果必定要生作用，在生作用的時候就是未來的因，也就是他現在要受的痛苦。我們因爲愛而得到，這是歡喜嗎？這是痛苦，但是他意識不到，在迷的時候以苦爲樂，其實這是苦，給未來的因作強盛的欲愛。

這個時候，他就想取、想有，愛、取、有就是現在的三因。你給未來造什麼果呢？生死！我們這時是生，到沒有的時候就是死了。這個因給未來的生死又造了果，生死不斷，永遠相續。你的壽命又好長啊，無量劫，無窮無盡，永遠相續。我們的分段身沒有了，但是下一個分段身又來了，永遠相續。什麼樣的分段身就不一定，到地獄去受地獄分段身，到餓鬼去受餓鬼的分段身，到畜生受畜生道的分段身，到天人受天人的分段身；要是到極樂世界去，分段身不受了，就受變異的生死了，等變異生死一了了，就究竟涅槃，永遠不生不滅，才叫究竟。

其次，愛就想取、想追求，不管誰追求誰，反正一切物質你都想追求，這是愛欲特別盛，愈盛愈想追求，就驅使你對一切的境界攀緣追逐不捨，使身、口、意三業愈來愈重。這一取就給你未來的身心打下基礎了，你現在追求的是什麼，你未來的苦就在這裡定下來；若我們現在追求的是出世法、學佛，那我們未來的苦沒有了；但是如果你是大菩薩，苦沒有了，樂也沒有了，無苦無樂。

我們是苦，想換成樂，好了，這個樂有一個最究竟的，就是極樂，永遠的樂。你到了極樂去，你問問極樂世界的法身大士快樂嗎？他說沒有什麼感覺。沒了苦來比較，樂也不成爲樂了。我們在這娑婆世界講極樂世界有多樂，但到了極樂世界，樂也不可得。我們在這個世界感到逼迫，如果沒有這些逼迫，你也不覺得苦啊！如果也不生病，什麼都沒有，一切干擾都沒有，不生病也不老，要什麼有什麼，不用去追求，你業也少造一些；但是這不可能，這是幻想。

有種種執著的身、口、意三業來造，造了這就有了，有什麼呢？有了業，有未來的果又要成熟了。因為一直愛取煩惱，你做種種業，因為這個業，註定了你愛著執取，被物役被境轉了，那又構成了你潛在的業力身心，構成了你未來身心的業力，所謂未來的生死果報。這個生死是未來的果，不是現在果。

你現在的愛、取、有，我們雖然執著，但是這個執著換作別的執著，比如說佛像，或者經書，或者佛、法、僧寶，這也有，有什麼呢？有未來無生死的生死，沒有生死了。你可以換得到那個果，你以現在這個三業，得到未來的異果，永遠的究竟成佛，看你所取的是什麼。

我們的心不被境轉，不被一切物質勞役你的身心。心是被你的身體拴住了，這個身體又被那個物欲拴住了，就這麼輾轉的脫不了。你的心為什麼不得清淨呢？因為身要享受五欲，它就追求，你的心也幫忙，這就趣向於六道了。

在四生中受苦的時候，就是胎生、卵生、化生、濕生，就有天、人、畜生、餓鬼、地獄、阿修羅等六趣，六趣四生永遠這樣循環不斷。有這些個，完了你就受生吧。生是依著你現在的業，得到未來受生的位置；看你現在的業做些什麼，你將來就到了什麼位置。如果我現在念阿彌陀佛，就在蓮花那邊受生，一生就永遠不再生了；因爲那邊不死，不死就不再生了，就解決問題了。要悟得，要修行，懂得這十二因緣法，知道這個道理，你跟阿彌陀佛見見就知道了。

老與死爲什麼合成一個？老必死！有的人老了才得死，有的不老就死了，現在二十幾歲死的人多了，沒經過老。有時候他八苦交加，我說：「你可能斷老苦。」他說：「爲什麼？」我說：「你可能早死。」他說：「爲什麼呢？」我說：「你做的事太絕了。」人做的事情太絕了，死得就快，他自己把壽命減短了。有沒有這樣的人？我們這裡很多啊，不過你們不敢說。那麼對著自己親友，可以跟他說：「多做好事，才不會縮短你的壽命。」

車禍好像沒什麼因果，哪會沒因果呢！爲什麼人家不出車禍，你就出了？爲什麼人家在那個時候就過得去，那麼一剎那間你就過不去？說炸彈沒眼睛，我說炸彈有眼睛，好多人被炸彈摔出去很遠，他就不死。有一個人不是被炸彈炸死的，他自己從床上滾下來就摔死了。當時炸彈把他摔出很遠去，好幾百步外，從空中摔下來，他不死；反而在床上夢顛滾了下來，就摔死了。他睡在床外頭，他妻子睡在床裡頭，這一翻身摔了下來，就死了。生死好像也不是跟環境有什麼關係，這也是不可思議，什麼不可思議呢？業果不可思議。

這十二因緣念起來—無明緣行、行緣識、識緣名色、名色緣六入、六入緣觸、觸緣受、受緣愛、愛緣取、取緣有、有緣生、生緣死。這十二因緣，因什麼？緣什麼？因著無明欲色，緣著父母。欲界一有，生了色、聲、香、味、觸，都是你所緣的境界，這就是因緣。這個因緣我們講了兩種，一個現在的因、未來的果，一個過去的因、現在的果，叫做果中有因，因中又有果，因果循環不停。

我們做一件事，這個是因，這個因一定要結果；如果是好事，結的是好果，現在結、未來結，永遠是要結的。有沒有有因無果的呢？也有。這個有因無果的情況很多，像在過去造了很多的業，一定要結果受苦，但是我不孵育它，不給它生長的水土條件，果就結不成了，它就死了。過去造很多的業，我要受苦還報的，現在不培育它了，另外有一個好因，我培育那個生極樂世界的因；你那作惡的惡果惡因，是你們孵育它，它愈來愈大，惑愈造愈大，受報才會愈大；如果我斷了惑，不造業了，等於那個果淹死了，我也就不會還報。

有因無果，就舉這麼個例子，如果我種下一個，不一定種下去都會成長，要是碰到天乾、水土不服、人工不到，就不結果了。糧食打不成，沒果啊，種是種了。有因無果是這麼解釋。

一般而言，有因一定有果。像我們這個業，很不容易斷的，天天在孵育它，天天在貪，以前在貪，現在又在貪，未來又要貪，永遠在貪，永遠孵育它，當然是有。你永遠在愛，人家講愛情比生命還高，「生命誠可貴，愛情價更高！」那就去愛吧，愛完了就把生命給搭上了，那就愛不到了，但是可給他造業了，他未來的一生就受了，這是十二因緣法。

苦、集、滅、道，叫做四聖諦。苦、集是世間的生死法，集是因，苦是果。因爲你起了很多惑，造了很多的業，招集來的自然要受苦，苦就是果了。誰受苦呢？身、心。身哪，有些人受罪代價關監牢，因爲這是個身業，說身是苦。你家裡就是一個牢，「家」字跟「牢」字兩字都是寶字蓋，都是扛起的，把你扛到裡頭，信嗎？「牢」是個牛，「家」是個豬，牛跟豬都差不多，研究過嗎？想一想，牛跟豬差好多，牛給人家勞累一生，最後老了，人家賣了，而且挨一刀去；豬呢？就便宜了，它倒在豬圈裡光睡覺，然後就挨一刀。

這些苦果是怎麼來的？就是過去招感、招集來的。這個集就是世間的因，這個苦就是你這個身心所受、所愁的苦果。這裡有很多的苦惱逼迫你，想不做都不行。不想造業，誰想做壞事？但是逼迫你非造業不可。你問那個殺豬宰羊的，我跟他們談過很多話，特別在西藏，都懂得因果，我說：「你懂得因果，爲什麼還殺呢？」他說：「師父！沒辦法呀，不然我活不下去，我家裡頭……。」明知道是業，還非造不可，這就是逼迫苦，自己不願意做。你看，哪個婦女願意當妓女，她被逼迫的，她沒辦法，落到那個地方。這就是愁於身心所屬的是因，償還啊，身心償還你所招感的，你自己做的，你還債。

但這無量劫來的債，還得完嗎？還不完。今生好一點，若生活過得愉快一點，家庭也幸福一點，來生又變成什麼樣子？又隨哪個因去轉了？無量的因哪！知道這種道理了，趕快斷，斷什麼？別造因就不受果，現在先斷因。菩薩是畏因，我們眾生是畏果。菩薩不敢造一點壞事，一起念馬上就止住，覺知前念起惡，能止後念不起，不讓它相續。眾生不然，眾生就是相續，眾生他是非得發這身口七支，他在貪裡頭，他說：「我沒做，心裡想啊，我不敢去做。」不敢去造業那也是止了，這是世間的因果。

滅、道，這個大家都懂了。道就是修，修哪一法都可以。你要是修道，你能達到滅，滅就是不生不滅。這個滅是什麼呢？我們說是涅槃，再無生死的累贅，你把你所有的惑業都滅了，所謂制止煩惱、身口意業，一切業都滅盡，就超出世間因果。修道就證得了涅槃，涅槃就是不生不滅了，寂靜無為再不受生死了。

聲聞、緣覺都講完了，下回就該講菩薩了，就到「無智亦無得」。還有，八識是法相宗的一部份，不但經書多，而且是一門專門的唯識學。我在這裡講的時候，大概就把你們問的問題答覆了，就這麼樣理解吧。要想詳細學，就學學〈八識規矩頌〉。

般若心經講述（中卷）終

『無智亦無得。』

「無智亦無得」，單講這一句話。前面講的十二因緣、四諦，是二乘法；「無智亦無得」是菩薩法。不但我執空，法執也空。以下的經文，就是沒有所得之相，「得」是指證的果說的，沒有所證的果相。

「無智」，先講「智」字，「智」是智慧。在前文講過，《佛說無量壽經》也講過。智分三種──一切智、道種智、一切種智。一切智就是二乘所證的眞空理，道種智是菩薩所證的理，一切種智是究竟佛果所證得的。

我們把八識轉成四智，前五識──眼、耳、鼻、舌、身，轉成智慧就是成所作智。第六意識就是妙觀察智，一切種智裡頭包括了成所作智、妙觀察智、平等性智、大圓鏡智，包括這四種智慧。一切種智不是這幾種就包括得完的，一共有七十多種，名詞不同，意思就是「智」，總說一個字就代表了。

這句經文是破除菩薩有所入空義、中道義，說這個智不可得，爲什麼不可得呢？一得就生執著了。空智不可得，就是無智。

我們前頭講不增不減，這個智慧好像是外頭求來的。例如說我們從小學讀到大學，乃至當了博士，好像都是求來的，世間知識都是求來的，那麼佛法的知識不也是求來的嗎？一般就世俗的理解是這樣認識的。但這個認識是不對的，所求的都是假法，不是眞法。

眞法呢？「無智」的「無」義是指著空義說的，不是說沒得智慧。「智」就是我們能觀的智慧，要依這能觀的智慧去起修。起修之後就證果了，或三賢位、十地乃至佛果，而所證的果，不是「得」嗎？能觀之智是智，所證得的是理，智、理是一對的。無智就是你能觀的智不存在，無得是所證的果也是空的。如果是沒有智，沒智的這個「智」並不是預測，而是「智」是眞智—眞正的智慧，眞正的智慧就是無智。無得就是眞得，得什麼呢？阿耨多羅三藐三菩提。得了阿耨多羅三藐三菩提，並不是有一個得的相。在《金剛經》上說，佛問須菩提：「你有什麼樣看法呢？是不是認爲如來證得阿耨多羅三藐三菩提呢？」須菩提就說：「不是這樣子的。」阿耨多羅三藐三菩提，沒有什麼證，也沒有什麼得，是你本來具足的，並不是外邊來的。

淺顯的說「無智亦無得」，意義就是這樣，你要是不能體會，還可以深入一下子。這裡還包括，智是菩薩所修行的，得是菩薩所證得的；「無智亦無得」，菩薩沒有一個能修，也沒有一個所修，也沒有一個證得，這把菩薩法給顯出。

怎麼理解呢？菩薩所行的是六度，智代表般若波羅蜜，還有布施、禪定、忍辱，用般若去代表六度。菩薩沒有一個作意說：「我要修六度萬行，修完了成佛果。」要是一作意，這個智就不是空智了。所以在《金剛經》上講，佛問須菩提：「你認爲你證得阿羅漢果，是不是有得呢？」也是那個涵義。佛舉了四果，須菩提說：「假使我要是有個得，佛就不說我是離欲阿羅漢的行者了。因爲無得，我不覺得有果可得，沒有這個得。」

執著有的，就用空除掉；執著空的，就用中觀除掉。你要是有病的，病除了，藥也就沒用了。所以在《金剛經》上，佛舉個例子說：「知我說法，如筏諭者，法尚應捨，何況非法。」你知道我所說的法是權巧方便，你要是得到度了，法也就沒有了，不要再執著法，如果再執著法，就又成爲執著了。

這個「得」就含著一種造作義。一切法成就了，有個造作之相，這就叫得。像我們想創一個事業，或者到溫哥華來，自己想有棟房子，經過一些手續，自己有了一所住的房子，這就是得到了。就世間相上說是得到了，就佛法來講，這一切諸法是不存在的，都是空的，都是緣生的，緣生沒有自體的。

諸位！一塊土地、一間房子、一個國土，經常是變化的。今天屬於你姓張的，明天也許姓李的，雖然沒那麼快，但經過幾年的變化，隨時都變化。就世間法說，用空來顯出有。現在說你所證得的果相，到最後證得究竟成佛的時候，還是原來本有的、本具的。原來本有的是什麼樣子呢？實相沒有樣子，語言形容不出來，你必須眞正契入了，就理解了，不是用語言、用形相能表達出來的。

所以「無智亦無得」，說菩薩修行一切法的時候，沒有一個能觀之智，也沒有一個所證之境，能觀之智跟所證之境一概不存在。我們經常講布施，布施要三輪體空，沒有能施的人，也沒有受施者，也沒有中間所施的物，是三輪體空，一切都不存在。不存在是遣執的意思，所以說「無智亦無得」。不但沒有能觀之智，也沒有所證得的果德，就是這個涵義。

『以無所得故，菩提薩埵依般若波羅蜜多故，心無罣礙，無罣礙故，無有恐怖，遠離顚倒夢想，究竟涅槃。三世諸佛依般若波羅蜜多故，得阿耨多羅三藐三菩提。』

你自己修行、行道了，觀想或者行六度萬行，不論作什麼法，有所得，這個「得」是沒有什麼名相可言的，你自己心裡體會得到。因爲「無智亦無得，以無所得故」，一切菩薩依著般若智到了彼岸；因爲無所得故才能到彼岸，有所得就到不了，有所得就有所著，「著」是執著的意思。要知道「無智亦無得」的涵義，下文就解釋了。

一切菩提薩埵，「菩提薩埵」就是「覺有情」，「菩提」就是覺悟，「有情」就是眾生。有時是大菩薩化作眾生，他依著智慧，能夠到達了究竟，證得果位。爲什麼能得到呢？因爲無所得故。無所得而得的，是依著智慧，無所得而得到的。得到個什麼呢？底下就是得到的相。

「心無罣礙」，就是得到的。「罣礙」就是苦果，假如有罣礙了就要受苦。「罣」的意思，就像我們用網魚或網鳥的罩子，把魚或鳥罩到了，飛不出去了。我們被什麼罩到了？被煩惱罩到了，被無明煩惱、貪、瞋、癡、慢、疑，被這些東西給罩到了，就會起煩惱障。罩到了，不知道諸法的空義，不知道空義就「有」了，有了就到處都牽掛得到，所以你走不了！我們經常說「放不下」，爲什麼放不下呢？看不破！爲什麼看不破呢？一切都有啊！七情六欲都罣住你了，這是開闊地說，你就出不去，永遠在這網裡頭。什麼網呢？六道輪迴，輾轉生死，永遠不停的，這就是罣。「礙」就是障礙。什麼障礙呢？知道得愈多障礙愈大，愈是聰明人愈放不下，什麼都懂就是不懂，不是眞正的懂。

「罣」就是我執，因爲有我，什麼都要插一腳，什麼都是我的，就被煩惱所障住了。「礙」是法執，是所知障，所知障就是障涅槃的，有所知就是前頭說的有智，「智」就是所知。這幾十年來，我經常這樣講：

「所知不是障，是因為知道得不究竟，不知道才障，障住了你所應該知道的。」因為無明壅塞，我們過去做了些什麼，我們不知道了、糊塗了，這是有障，障住了你應該知道的，這個障就是「礙」，就叫法執。

因為我執、法執，「我」放不下，對一切境上更放不下。「我」是在對一切世間的相上說，都是因為跟我有關係、想求得，看不破、放不下，因為一切世間相都是有的、都是眞的，所以打你，你才痛，病苦你也感到痛，要是有失落感了，就心痛或是身痛。主要就是你罣住了，因為不能空，不知道一切法、一切境界也是空的，都是緣起沒有自性，也就是知道得不究竟，所以成為你的障礙。

法執呢？就是對一切法，承認「法」是有的，雖然證得我空，我沒有，法是有的。也因為法是實有的，所以諸法皆空。乃至於說六波羅蜜法也是空的，不是實的，只是一個方便善巧，做一個筏喻而修行的過程，只能這樣子說。因此就罣礙了，無智就沒有罣礙了，心無罣礙了。知就是障礙，因爲你知道得不徹底，要是佛的大圓鏡智就徹底了，就沒有障礙了。因爲在你的過程當中，你這個智不是眞智。所以心無罣礙，無有得故。若沒有罣礙了，就沒有苦，苦就斷了。

「無罣礙故，無有恐怖。」恐怖是怎麼招感來的？恐怖是業，貪求名利，貪求財富，患得患失，恐怕得不到，得到又怕失掉。你的身、口、意三業，跟欲界、色界、無色界，三業跟三界的果報是相應的，你造的業，業必感果，有這個業因一定感果，看你是善業還是惡業，善業感善果，惡業感惡果。因在感果的過程當中患得患失，這裡頭就有恐怖了。我們經常感覺害怕、有恐怖，特別是夜間或者走夜路，顧慮得很多，也就是顧慮恐怖，是因爲你患得患失怕失掉。若心情開朗，看破了，放下了，就什麼罣礙也沒有了，無罣礙的話，恐怖也沒有了。沒有業就沒有果，果消失了，不再造業了，什麼恐怖都沒有了。

其次，沒有恐怖就遠離顚倒。遠離就是「離」的意思，「遠」本身就是「離」，離開了顛倒夢想。顛倒是什麼呢？是「惑」。顛倒是起惑，恐怖是業，罣礙就是苦果。菩提薩埵依般若波羅蜜的智慧，把這些都除掉了。顛倒，用比喻來說，我們的腦殼是朝上的，若倒過來腳朝天，就不對了，就叫顛倒。我們做好多的事情，糊裡糊塗的，顛倒的；就是指上頭說的，本來沒有我，他就執著有我。所有一切有形有相的，都是假法，都是緣起的。本來這個身體是假的，把它當成實有的，一當成實有的，苦惱就產生得太多了。一當成實有的，爲了滿足身體要求就造業了，在造業的當中就是顛倒。本來是諸法無常的，他還執著常。

人人都知道這個身體一定要死的，但沒有一個人想到「我明天該死吧？」不會這樣想的，沒有人這樣想的。本來誰也知道壽命活不到一百年，頂多活到一百年，活一百年很少，一萬個人也不見得有一個。活到一百年又怎樣呢？一百年的時間很短，一百年到了，還是得死。死了，不是空啊，還有業隨著你，看你是善業還是惡業！但是，本來是無常的，一切法都是無常的，因爲顛倒了，就起惑，惑就是迷了，迷了就把無常執著爲常，本來無我要執著有個我，把因緣和合的東西當成實有的。

本來是苦，世界上我們所受的全是苦，包括樂受，在你最高興的時候，苦跟著就來了，本身含的就是苦。我們在台灣的時候，住在一個弟子家裡頭。他因爲喝酒，把脊骨都摔斷了，本來感覺到痛苦了，但是還得去應酬，結果那些親友拉著他非喝不可，就硬灌。喝酒本來是快樂事，大家喝酒，唱唱玩玩，本來是快樂事，但是卻成爲苦境。樂就是苦的因，本身就是苦，這就是顛倒，把苦當成樂。有時候辦酒席，今天請過來，明天請過去，大家聚會好像是樂，結果得了很多的病，本身就是苦，病從口入了。這就是顛倒，本來是苦的當成樂，本來是無常的當成常。

顛倒呢？現在說的是身。把我們自己的本性，把我們的佛性，把實相—自性的理體迷了，眞諦迷失了，迷眞逐妄就叫顛倒。我們所追求的是虛妄的，但是我們一直去追求，永遠得不到滿足。財富得了很多，沒有滿足的時候，永遠在追求，已經得到的又怕丟掉，這叫患得患失啊！

這不但是我們佛教的道理，儒家也講這個道理，我記得儒家對這個患得患失有個警策語，「花開花謝，時去時來，福方慰眼，禍已成胎；得何足慕，失何足哀，得失在彼，敬憑天裁。」這個很有深意，你要體會得到，不過它不像佛教這樣體會。就世間法，他說運氣有時候好，有時候得到了又丟掉了，時去時來；花有時候開了，有時候謝了，不是永遠開的。有時候我們得到了，有時候我們又失掉了。你看的是福啊，很高興，這個就是你的禍根。

在洛杉磯，我那時候剛來，碰見一個也不怎麼信佛的人，在閒談間，他說自己中過一次樂透獎，得到了，高興吧！他跟我講，僅僅快樂了一年半。八方的親友因他發了大財都跑來跟他借、求幫助，他自己曾經受苦很久，一下子有錢了，就大大浪費，僅僅用了一年半，就恢復原狀，繼續到餐館去打工，錢沒有了，但業已經造下了。所以一切事看起來是得了，後頭跟著就失掉，是不由人意志而轉移的，這就是顛倒。

例如身體，我們想讓它乾淨，清潔衛生當然是要保持的，但是身體本身本來就不是乾淨的，怎麼洗也是乾淨不了，你不能把肚子劃開了來洗一洗，只能某一部分洗一洗，洗完了，你吃下東西它又變了，又是髒的了。九孔常流不淨，本來沒有什麼清淨的，要想追求個清淨的，有了這個身體本身就是不淨的。「不淨」指著慧業，你所做的業都不是清淨業，你一天所有的行動都不是清淨的。常、樂、我、淨，本來是四德，但是一顛倒它，拿不淨的當淨的，無常計爲常，非我計爲我，都是顛倒，顛倒是解釋這個意思的。

「夢想」，這個好懂，大家可能都理解。如果要拿它來形容我們一天的具體事實，或者我們夜間睡覺做夢，我們白天醒著，夜間的夢，你到了白天還能醒，但白天這個夢，你永遠不能醒。夢想，是你所想的都像是做夢一樣，空花水月，不要當成眞實的。

如果說我們用功如何轉變我們的煩惱，或是克服困難？經常有種罣礙，想把這種罣礙消失了；經常有一種恐怖感，想把這種恐怖感消失了。我能做得主了，不恐怖了，罣礙不住我了，這是醒的時候。夢裡頭還罣礙得住、罣礙不住呢？醒的時候能做主，在夢中你能不能做主？我們只有在苦難境界來了，最恐怖的境界來了，那時候你就相信念佛了，或者念佛號，或者念觀世音，隨念哪一聲佛號，或者念一些大乘經典，那些境界馬上就沒有了；而且，你能夠在做夢中不造三業，醒了再不害人、再不殺生。

做夢有時候夢到喝酒、吃肉，你是吃長齋的，你說：「我是吃素的，可不能吃肉。」但在夢裡頭你就忘了，有這個時候嗎？可能有。醒的時候自己做得主，絕不幹壞事；做夢就不知道了，做不了主了。

你現在醒的時候所想的也是在做夢啊！你要是用功夫，在夢裡頭做得主，就晝夜一如了。佛經上經常講「晝夜六時」，晝三時如是，夜三時還如是。現在我們這個末法，身體也不是那麼健康，白天晝三時也支持不了。晝三時是十二個小時，日出四個小時，日中四個小時，日沒四個小時，就是十二時。初夜、中夜、後夜，又是十二個小時，總共二十四小時。印度是用六來分，我們是用二十四小時來分。

我們自己能做得主的，屬於眞我的，能佔幾個小時？例如說，你坐在那兒打坐念經，打佛七或打禪七，你坐在那兒念佛的時候，中間還有許多妄想，還是不屬於你的；這就已經很可以了，但是你一天能用多少時間在三寶上，用在了生死上？另外在生死上頭，你用多少時間？那你就很清楚自己的功力如何了。

總之，菩薩—菩提薩埵行菩薩道的時候，能到了無所得的境界，無智亦無得了。因爲到了無所得的境界，就能夠依著般若波羅蜜多消除罣礙、恐怖、夢想，這時候就證得究竟涅槃，也就是不生不滅、不垢不淨、不增不減。

「三世諸佛」，「三世」就是過去、現在、未來，未來的諸佛，就是指這些行菩薩道的，證得究竟了，他是未來的諸佛。過去的諸佛已經成了，現在的諸佛正在住世，三世諸佛都是依著般若波羅蜜多故，依著這個智慧，才能得到「阿耨多羅三藐三菩提」。「阿」字翻「無」，「耨多羅」翻「上」，「三藐」翻「正等」，「三菩提」翻「正覺」，也就是「無上正等正覺」。

還不是「得」嗎？雖然是得到無上正等正覺，得到阿耨多羅三藐三菩提，這個「得」是無得啊！得即無得，是無得而得到的，有得，阿耨多羅三藐三菩提得不到。《金剛經》上，佛問須菩提：「你認爲如來有證得阿耨多羅三藐三菩提？」須菩提說：「我不是這樣認爲的。」佛說：「對！對！如是如是！假如我是有得阿耨多羅三藐三菩提，那麼燃燈佛就不給我授記了。」有得即不得，無得，就證得究竟阿耨多羅三藐三菩提。

所以釋迦牟尼佛在菩提樹下豁然大悟之後，發生很怪的事情，他說：「奇哉！奇哉！大地眾生皆有佛性，我證得的是原來的、自己本具的，沒有增啊！」這個阿耨多羅三藐三菩提無上正等正覺就是菩提心，這個果菩提在佛是不增，在眾生也不減。無得，也沒有失，無得無失！

這個道理從字面上很容易講，但是我們要是想在心裡頭契合就很不容易了。怎麼契合呢？如果你跟這個相應了，你煩惱沒有了，不會有煩惱了，睡眠、掉舉、昏沈，這些蓋都沒有了，你就知道這是眞正得到了，眞正到無所得了。如果你達不到這種目的，你還得修。對我們來說，我們還沒到這種地步的時候，有修有證，還要一步一步的走；等到這種境界了，無修無證。如果說我們超越一下，可以嗎？不可以，況且沒有可超越的。

在今生證道開悟修得好，你前生修了好多生，你不知道啊！所以佛在《金剛經》上也是這樣說，「要是能聞到金剛般若波羅蜜，都不是一佛、二佛、三四五佛種的善根了。」依這個觀點，認識一切法，能入佛門，都不是你一生、兩生啊！生生都入一下，入一下又失了，失了又轉人身來了，又入一下，一次比一次增加一點，你就開了智慧，逐漸的成佛，是積果的！到眞正明白的時候，是他多生修行達到這個功力。

就像我們讀書的人，從小學到中學到大學到當博士了，你當然知道得很多，但是所知道的是你所學的那一門，你學物理化學的，僅知道物理化學，對哲學就不了解了，對環保的學問也沒有，對醫學的學問也沒有，因爲你這個知是有限的。當我們得到這個無限量的不思議智，是無限量的，一通了，一切都通，而且知道得很究竟。

「無智亦無得，以無所得故。菩提薩埵，依般若波羅蜜多故，心無罣礙。無罣礙故，無有恐怖，遠離顚倒夢想，究竟涅槃。三世諸佛，依般若波羅蜜多故，得阿耨多羅三藐三菩提。」「無智亦無得」一定冠在前頭，怎麼後頭冠到前頭去呢？得了阿耨多羅三藐三菩提還是無智無得，因爲是無所得故而有的，依著無所得故才能成就阿耨多羅三藐三菩提。要是有所得呢？這阿耨多羅三藐三菩提還成不到。既沒有能觀之智，也沒有所證之果，就是這麼個涵義。必須忘掉能所，有能所都不是究竟的，這叫二邊。

『故知般若波羅蜜多是大神咒，是大明咒，是無上咒，是無等等咒，能除一切苦，眞實不虛。』

因以上的緣故，無智亦無所得，以無所得故，才能成就阿耨多羅三藐三菩提，以這個緣故，你應當明白，這個「知」字當明白講，明白這個智慧到彼岸，也就是用這個智慧證得究竟，這個智慧沒辦法形容它。以下說幾個咒，說這個般若波羅蜜的時候是顯，要來總持它，說這個意義太廣了、太多了，我們不能領會得到，或者我們的智力經常要起分別心。我們讀誦經的時候，如果讀一部《法華經》，你要是打一個妄想點一點，恐怕一張紙都點滿了，也不曉得打了好多妄想，你可以記的數目都數不出來，這些妄想就不是智慧了，你的功力被虛妄佔去了。

如果持咒呢？像《心經》這個咒：「揭諦揭諦，波羅揭諦，波羅僧揭諦，菩提薩婆訶。」就四句。如果字數再少一點：「唵、嘛、呢、唄、美、吽。」再少一點，「唵」一個字就可以，這就是咒。咒的涵義就是總持，就是總一切法、持無量義。

咒在經上是不翻的，這是「五不翻」之一，就是「秘密不翻」。但是大家想知道這個咒的意思，前頭這個《心經》就是大明咒，它說大明咒、大神咒、無等等咒，就是說《心經》。這個《心經》也是六百卷的《大般若經》，沒有說多就好，多了你承受不了，一個咒「揭諦揭諦，波羅揭諦」這就夠了。「揭諦揭諦，波羅揭諦，波羅僧揭諦，菩提薩婆訶。」各個翻的不同，因爲它的涵義特多。能海老法師稱之爲：「成佛！成佛！大家都成佛。」這個四句就是大家都成佛，你要是持這個咒，大家都成佛。有時候也翻作：「到彼岸！到彼岸！大家都到彼岸。」用般若智慧到彼岸。說這個《心經》能除一切的苦難，是眞實的、不虛的，信不信呢？

咒的名字很多，有陀羅尼、三昧、靜慮，都是咒的涵義，而不是咒的總體，都是一部份。陀羅尼，有明的，有密的。明的就是顯，就是像

《心經》前頭的經文就是顯，你去研究它吧！密的就是後頭這個「揭諦揭諦」，密的，又叫做「眞言」。密宗在我們唐代的時候是眞言宗，善無畏大師就是眞言宗。

但是它含具有什麼意思呢？一切法都包含在這咒裡頭，一切法含有無量義，每一法裡頭含有很多義，我們只是簡料取其一點而不是究竟。咒裡頭就含有法、義，還有一個陀羅尼，就是咒的本身，完了，還有一個「忍」，忍辱的「忍」，忍就是咒，忍就是承認、印可的意思。

沒有耐力，沒有幹什麼，持不了咒。因爲你不懂，念一念咒，心裡頭想「我得明白一點啊！」那就糟糕了。最初就因爲一念不覺，就要明白，愈明白就愈糊塗，愈明白就愈糊塗，糊塗到你只取計名字，起業界苦，一共有九項，這是根據好多的大乘經典都這樣說。咒的另一種名稱叫總持，或者叫陀羅尼。

大神咒的「大神」，「神」就是很微妙，「神」就是我們自然的心境，自然的那個心體就是「神」。捉摸不到，無形無相，就叫「神」。

「明」，就像我們這個經的開頭「觀自在菩薩行深般若波羅蜜多時，照見五蘊皆空」的那個「照」字。明者是光明義，用智慧來說它是見別義，見照一切昏暗，這就是「明」義。這個「明」不是一般的「明」，是「大明」。凡是這個上頭都加一個「大」字，「大」字是指什麼說的呢？是形容實相理體說的，就是我們每個人本具的眞如心，那就是「大」，「大」就是「體」。明啊、神啊，都是「大」的用。這個體所起的不可思議的妙用，能照徹一切，神妙不可思議。

「無上」是超越的意思，再沒有比它高的，是這麼個意思。

「無等等」，前面一個「等」是沒有相等的，沒有能跟它平等的，就是這個涵義。這個咒，沒有一切法能跟它相類似的，乃至於相等的，更不用說超過它了。用這個《心經》能除一切苦，那是不虛的，不是假的，是眞實的，也就是度苦不虛。要是不能念全文，光持這個咒也可以了。

『故說般若波羅蜜多咒，即說咒曰：揭諦揭諦，波羅揭諦，波羅僧揭諦，菩提薩婆訶。』

這個咒我剛才說了，要翻就那樣翻，這是我學來的，有個老和尚是這樣說。但是一般講經的、譯經的不翻，他要是翻了，給你寫在後頭就是了。如果你知道了，你念起來就起分別心，好多咒你知道了就起分別心。像六字大明咒「唵、嘛、呢、唄、美、吽」，不說它的涵義，就形相來翻是白蓮花，你會起疑說：「我念一天白蓮花幹什麼？」這個白蓮花涵義可多了，要把白蓮花講清楚，我們三天也講不清楚。西藏對於講「唵、嘛、呢、唄、美、吽」涵義可多了，密咒多數都不翻，也無須去翻。

現在我們隨著經文大致講一下子，我們重覆一次，還有時間。

我們要是經常誦般若波羅蜜多，這個「多」字是多餘的，就像我們那個「之、乎、者、也、焉、哉」一樣，是代語詞，你看「金剛般若波羅蜜」沒有「多」字，「摩訶般若波羅蜜」也沒有這個「多」字。所以玄奘法師翻的是眞實的，他用印度的原文、原意，把它的語氣都翻出來了，這個「多」字是這樣的意思。

《心經》是一切智慧之心，它是大般若的心。就全經來說，這是一個總樞，開闊起來就可以開闊出一部六百卷的《大般若經》，把它收攏了四句話就可以，開闊一點是二百六十個字，這就很多了。但是我們受持起來很容易受，爲什麼？好持啊！

你誦《心經》的時候，不要再想它的道理了，你就按這個誦好了，我所解說的道理只是它的萬分之一，一萬分的道理我僅僅說出一點點。如果你去持，持就是行，有信、有行、發願，信、願、行一定要三個具足的。生極樂世界念阿彌陀佛要信、願、行，你學一切法都得要修信、願、行。

但是我們不要把智慧當成聰明，這個叫世智辨聰，這個不是智慧。眞正的智慧是能夠斷惑，不被煩惱所轉，不被外頭的境界所轉，有這種力量才叫做智慧，能認識一切諸法，達到諸法的空相。如果你想生極樂世界，你能達到空相，一定上等上生，證得無生法忍。一切諸法無生就是空相，要能證得這個空相，就證得無生法忍了，無生法忍的法是無法之法。所以一切法的本來自性是無生無滅的、不增不減的、不垢不淨的，這就是般若的眞義，這「六不」是般若的眞義。因爲有這個了，能夠這樣認識了，一切的惑緣、煩惱，對你來說，都脫離了，都遠離了。

但是現在沒辦法，當你一煩惱的時候，一進佛堂，在那兒沈沈靜靜的先坐一下，坐這麼三、五分鐘，使心境沈靜了，你就一句一句念，不要念快，用觀想的念，一句一句念：「觀自在菩薩行深般若波羅蜜多時」，你就這麼想：「照見五蘊皆空」。這麼一句一句念，你那個煩惱、智慧，雖然不能像觀世音菩薩照，你一照它也就空了。念完了你想：「我這幹什麼、煩惱什麼？」你的照見就空了。

文裡頭「遠離顚倒夢想」，凡是你煩惱的時候就是顚倒夢想。經常有恐怖感，還特別害病，害了病或知道自己的病不好治，就恐怖了，纏綿了。恐怖什麼呢？怕死。你看，沒死的時候，經常的想：「學佛的人求死啊，要了生脫死！」眞的要你死的時候，就不想死了，就是如此！

如果你要是有病痛的時候，你說：「這回可好了，我該走了，我可脫了這個枷鎖。」肉體就是枷鎖。你要是有這個心情，病沒有了，煩惱沒有了，不論生老病死都轉不動你。求不得是苦，如果你經常這樣，你還求什麼，你不會去求。「好！我正想還你債呢，你可找我來了，謝謝你，我們今生了斷吧，我要走了到極樂世界去，不要你纏著我，讓我去不了。」這樣子把那個冤家當成親人了，「你是來成全我的道業的！」他對你的怨恨起不來了。抬槓、鬥爭得兩方面，一方面放下了，另方面他就沒對象了，沒對象了，他的煩惱也不會太厲害了。

當你愛人貪愛的時候，就想到五、六十歲了，你老了、樣子變了，就不貪愛了，知道不？人都是這樣子。感到你要死了，說也沒辦法把死人抓回來，「這是我所最愛的，你不能死啊！」不能死還是得死，死了之後，你把他的屍體擺一段時間，等他腐爛，你看，你還愛不愛嘛！

有些個小說道義很深，看小說能開悟，可是做小說的人他可沒這個境界，也就是他會做，但是還開悟不了。《紅樓夢》是很好的道書，賈寶玉是個石頭，林黛玉是個草，連木頭都不夠，木頭還堅固一點，是一棵草。一打開那個書，兩句話：「甄士隱、賈雨村。」最初出場的就是甄士隱、賈雨村這兩個人，不知道大家看過想過沒有，我一看，知道這個書沒真的，真的事都隱了，假話都在這兒擺著呢。「賈雨」，「雨」是話，你別看是在下雨，他取那個音了。結果曹雪芹他明白沒有？寫《紅樓夢》裡頭的道話很多，他是在別的書上摘下來的，自己一點也沒開悟。最後就窩窩囊囊、一事無成的死了，一生不得志，就是寫他自己。

所以不論學什麼法要會學，看見世間相要用般若智來觀、來照一下子，看這些人在幹什麼，忙得不得了。特別是在紐約早晨，六、七點鐘大家趕啊趕班車上班，到晚上又加班，現在都裁員了，一個人要做一個半人的工作，又不敢辭退，辭退就沒飯碗了，必須得幹，不知道忙什麼。你們說忙什麼？忙死就好了，忙死就是達到不死了。顛倒啊，他不知道在忙什麼，他要是知道了、有個目標，那還好，沒有，就這樣顛倒。

我以前也是這樣子，如果煩惱了，到佛像前一坐，《地藏經》太長了，念部《金剛經》，或念部《彌陀經》，對著佛像念念什麼都化解了，什麼煩惱都沒有了。你就出來佛堂告個假，煩惱事早忘了，不是忘了，而是你智慧開了，你知道一切諸法都是假的。

騙什麼呢？蓋蔽你這個眞心，你就糊裡糊塗造業去吧。我們講三世因果，你現在做的正在造業，本來是果，已經在受苦了，又造新業了，現在我們所做的是未來的果，這個果已經定了，所造的一切都是因，因就給未來定果，叫做未來的生死。

現在，大家有什麼意見嗎？我們可以互相交流一下。

我們講過兩部經，一個是《佛說無量壽經》，一個是《心經》。《佛說無量壽經》是在事上說的，《心經》完全是在理上說的，我們要把這兩個結合起來。事即是理，這個理是來顯那個事的，事能夠顯理，但是理是成那個事的，你溝通一下就知道了。

有沒有問題？

【問】：能不能講個故事？

【答】：有位德山宣鑒祖師，過去他在山裡頭修了很多年，給《金剛經》做註解，自己挑了一擔子下山了，準備出版印去了。下到山底，有個賣燒餅、果子、油條的點心舖，德山祖師走到那裡就問裡面的老婆婆：「老婆婆！我買你的點心吃。」她說：「大師父！你下山了，你這上哪裡去？」他說：「我做了一部《金剛經》的註解叫《青龍疏鈔》，我要去印。」那時候沒有出版社，自己要印都要用木板刻。

老婆婆說看他給《金剛經》做的註解，還挑了這麼一擔這麼多，她就問他：「師父！《金剛經》上有幾句話，我可以請你開示開示吧？」他說：「妳說啊，我對《金剛經》很熟。」「《金剛經》上有這麼幾句話：『過去心不可得，現在心不可得，未來心不可得。』老和尚！你要點的是哪個心？」他一聽，就不知道要點哪個心了。三心都不可得，你要點心，要點哪個心？他一想啊：「我著了一部《青龍疏鈔》，還不如一個老婆子。」一賭氣，回山去了，把《青龍疏鈔》燒了。

我們說《般若波羅蜜多心經》，你用哪個心來學？過去心不可得，現在心不可得，未來心不可得。你現在的現前心，你用哪個心來學？現前起，念念不住。前念隨著我語言就消失了，你用哪個心來學？永遠不住的，念念不住的，沒有現在，沒有現在也就沒有過去，沒過去也就沒得未來。這個得參，個人去體會。

【問】：您是用哪一個心在講？

【答】：無心在講啊！我哪有心講！你答不出來，用無心聽就好了。那個老婆子要是問我點哪個心，我點的是無心。

【問】：是不是念經不如念咒？念咒不如念佛號？

【答】：一樣的，看你念哪一個相應，你念哪一個得到的利益大，你就念那個。不過念咒、念經、念佛號，這三個都得到加持。念佛是仗著你念哪尊佛得到哪尊佛加持你，這是仗他力。念經呢？經是佛所教導我們的，念大乘經典你能開悟，並且念經的本身，你經常念，就漸漸入進去了，你念哪部經就能入到哪部經裡頭去。念咒就是總持，但念咒一般得要受灌頂，得有師父加持力，有上師的傳承。必須要跟上師受，特別跟喇嘛受最好，他能夠加持你，這就是傳承。

但是比較起來，我們在家庭裡頭，要是爲著方便，念佛還是好，或者念藥師佛，或者念阿彌陀佛都好，如果念念久了，念純熟了，再加點觀想力。我感覺年紀大一點的，還是念佛好，念佛號得到佛的加持。而且念佛號也具足經了，也具足咒了。「阿彌陀佛」沒有翻，它就是咒，「阿彌陀佛」不是咒嗎？也是咒。只要「阿彌陀佛」完了就具足一部經，「無量壽佛」又是一部經，「觀無量壽佛」又是觀想的，總攝起來不就是咒嗎？也是咒。

看你念的哪個相應，有的念《金剛經》特別相應，他可以斷煩惱，用它來延年益壽。《金剛經》又稱「延命眞經」，好多過去的大德，經過算命的批過八字而生了恐怖感，說要死得早，他又不想死，就念《金剛經》，念了《金剛經》他就壽命延長了。

還有沒有問題？對於問答，禪宗有一千七百多個公案，是機鋒轉語。我以前小的時候，無知的時候，也想學這一套，因爲我曾在鼓山住，鼓山禪堂裡頭，參禪的人跟參禪的人，碰到面都是機鋒轉語。怎麼叫機鋒轉語呢？就是我說一句話，你能夠給我下一個轉過來，就看臨時的慧。古來人是這樣修好多年，一句話、一個動作就開悟，我們現在拿它來逞嘴巴皮：「你看，我多有智慧，你一問我就答出來了。」沒悟啊，這樣久了，就耽誤了。耽誤什麼呢？悟性就閉塞了。那得經過好多參，問你一句話，就要參參參，參到廢寢忘食，變成個傻子了，就開悟快。起碼你要破個參，但還距離開悟還很遠的，距了生死還很遠。

禪宗的公案，有些人願意看，但我覺得不要看，看了就把你自己的悟門全塞住了，那是別人說的話，是別人的境界，跟你有什麼關係？若你念念經，那就不是了，經的句句話都跟你有關係，就告訴你應當這麼做。人家問：「如何是祖師西來的大意？」或者他說個數字，或者說是你屙的大便——乾屎橛，你怎麼理解？所以，有些個情況，學禪宗的人要學祖師怎麼修行，不要學祖師開悟的整個答覆，那都不是我們的境界，念經就不同了。

【問】：請問師父，能單稱一尊佛號，或多尊佛號？比如說我念阿彌陀佛，也順便念觀世音菩薩，這是稱佛號的時候，單稱一尊佛就好了？

【答】：你可以念一千聲阿彌陀佛聖號，念一千聲觀世音菩薩聖號，你要想這樣念就這樣念嘛！你念阿彌陀佛不是很好嗎？阿彌陀佛是觀世音菩薩的老師！念了師父，徒弟的也有了，觀世音菩薩、大勢至菩薩也都在內了！

【問】：有時候念阿彌陀佛，不念觀世音菩薩，心裡頭過不去。

【答】：過不去就念吧！（眾笑）

【問】：念了地藏菩薩，沒念觀世音菩薩又難為情。

【答】：自性彌陀，有沒有自性觀音？有啊。《楞嚴經》講觀世音菩薩，說「反聞聞自性」的，他觀一切眾生音乃至一切音聲，聞一切音聲就跟他的體相合了。所以你念觀世音菩薩，觀世音菩薩就聞見你的聲音；你念阿彌陀佛，觀世音菩薩也聞見了；念他老師，他還聞不見嗎？所以我們不要起分別心，自性觀音、自性彌陀，什麼都是自性，萬法都是自性，何況阿彌陀佛，何況觀世音菩薩呢？這個鐘是不是自性？離開了實相沒有，一切諸法都是以實相而起的。你念的時候不要念自性彌陀，你念阿彌陀佛、阿彌陀佛，這是我的自性；念觀世音菩薩，也是我的自性；念普賢菩薩，也是我的自性；三世一切諸佛都是唯心造的，一切諸佛菩薩、一切眾生、一切法都是我心造的。是這樣子解釋，這是認識上的關係。

我們平常看來是一般的、沒有問題的，但是在他心裡頭就有問題！總之，我們學一切法的目的是爲了修行，我們知道了這個方法，就要去做。光聞慧成不了道，聞完了得修思，經過你自己的思想整理，把它變成你自己的，然後依照你自己的這個去做去修就成了，這個就成爲你自己的。念阿彌陀佛，最後你成了佛，那你就是佛，你也就是阿彌陀佛，說你是釋迦牟尼佛也可以，說你是藥師佛也可以，反正自己加個名字就是了，涵義就是這樣子。

【問】：師父！你能不能開示一下，《心經》學完以後，要怎麼樣修學唯識學？

【答】：要學唯識學？這牽涉就太廣了。現在就好好念《心經》就得了；要學唯識學，就得把唯識學做個解釋。這裡頭牽涉很多唯識學，我們解釋了一下。八識，前五根的五識—眼、耳、鼻、舌、身，根對塵中間一定要有識，沒識的話根跟塵不起作用。識就是分別、了別的意思，這個識就是智慧。

把識用到邪知、邪見上也是智慧，但是那個智慧變成世智辨聰，乃至很不容易回到你原來的空義。你先由這個相上頭，理解到了，完了，你逐步才能達到空；如果你相上沒理解到，你一下子就具體的空，你空不下來，這叫做邪空，觀的就是邪空觀，經過分析，經過研究。

第六意識就是以了別爲義，它就是看什麼、分析什麼，我們現在所有的作用都在六識當中。七識只有傳送的功能，叫「末那」，「我」就是從末那識開始的，末那恆審思量執著我，它依著八識的相分而起的。

我對唯識學不是研究很透徹，可以說學得很少，我是學法性的。唯識學起來，先得一步一步的，先學百法，就是五十一個心所法，再加八個心法，也就是八識。這個心所法五十一個就是歸八識所有的，是它所派生出來了，都是根據第六意識所產生的。還有二十四個不相應，還有六個無爲。這樣就叫做一百。把這個學完了之後，像〈唯識二十頌〉、〈唯識三十頌〉就得學。唯識學是專門的一宗──唯識法相宗，具體說，有好多論，說起來大家的腦子就複雜了。

【問】：修學《心經》以後，大家如何依照《心經》去做聞、思、修？平常當機怎麼用？

【答】：現在大家念念《心經》好了，聞、思、修現在還太深一點，一步一步來吧。

般若心經講述（下卷）終

國家圖書館出版品預行編目資料

般若波羅蜜多心經講述<<合輯本>> / 夢參老和尚主講 ;
方廣文化編輯部整理. — 初版.
— 臺北市 : 方廣文化, 2017.08 面 ; 公分
ISBN 978-986-7078-86-5(精裝)
1.般若部
221.45 106013568

般若波羅蜜多心經講述《合輯本》

主　　講：夢參老和尚
編輯整理：方廣文化編輯部
攝　　影：仁智
美編設計：鎏坊工作室
出　　版：方廣文化事業有限公司
住　　址：台北市大安區和平東路一段177-2號11樓
電　　話：886-2-2392-0003
傳　　真：886-2-2391-9603
劃撥帳號：17623463　方廣文化事業有限公司
網　　址：http://www.fangoan.com.tw
電子信箱：fangoan@ms37.hinet.net
裝　　訂：精益裝訂股份有限公司
出版日期：公元2019年2月 2版1刷
定　　價：新台幣260元 (軟精裝)
經 銷 商：飛鴻國際行銷有限公司
電　　話：886-2- 8218-6688
傳　　真：886-2- 8218-6458
行政院新聞局出版登記證：局版臺業字第六〇九〇號
ISBN： 978-986-7078-86-5

Printed in Taiwan

No.B411　　Printed in Taiwan

方廣文化出版品目錄〈一〉

夢參老和尚系列

書籍類

● 華 嚴

H203 淨行品講述
H224 梵行品新講
H205 華嚴經普賢行願品講述
H206 華嚴經疏論導讀
H255 普賢行願品大意
H208 淺說華嚴大意
HP01 大乘起信論淺述
H209 世主妙嚴品(三冊)【八十華嚴講述 ①②③ 】
H210 如來現相品・普賢三昧品【八十華嚴講述④】
H211 世界成就品・華藏世界品・毘盧遮那品【八十華嚴講述⑤】
H212 如來名號品・四聖諦品・光明覺品【八十華嚴講述⑥】
H213 菩薩問明品【八十華嚴講述⑦】
H214 淨行品【八十華嚴講述⑧】
H215 賢首品【八十華嚴講述⑨】

● 地藏三經

地藏經

D506 地藏菩薩本願經講述(全套三冊)
D516 淺說地藏經大意

占察經

D509 占察善惡業報經講記(附HIPS材質占察輪及修行手冊)
D512 占察善惡業報經新講《增訂版》

大乘大集地藏十輪經 D507(全套六冊)

D507-1 地藏菩薩的止觀法門(序品 第一冊)
D507-2 地藏菩薩的觀呼吸法門(十輪品 第二冊)
D507-3 地藏菩薩的戒律法門(無依行品 第三冊)
D507-4 地藏菩薩的解脫法門(有依行品 第四冊)
D507-5 地藏菩薩的懺悔法門(懺悔品 善業道品 第五冊)
D507-6 地藏菩薩的念佛法門(福田相品 獲益囑累品 第六冊)

方廣文化出版品目錄〈二〉

夢參老和尚系列

書籍類

● 楞 嚴

LY01 淺說五十種禪定陰魔—《楞嚴經》五十陰魔章
L345 楞嚴經淺釋 (全套三冊)

● 天台

T305 妙法蓮華經導讀

● 般 若

B410 般若波羅蜜多心經講述《合輯本》
B406 金剛經
B409 淺說金剛經大意

● 開 示 錄

S902 修行 ①
Q905 向佛陀學習【增訂版】②
Q906 禪・簡單啟示【增訂版】③
Q907 正念 ④
Q908 觀照 ⑤

DVD

D-1A 世主妙嚴品《八十華嚴講述》(60講次30片珍藏版)
D-501 大乘大集地藏十輪經 (上下集共73講次37片)
D-101 大方廣佛華嚴經《八十華嚴講述》
(繁體中文字幕 全套482講次 DVD 光碟452片)

CD

P-05 金剛般若波羅蜜經 (16片精緻套裝)

錄音帶

P-02 地藏菩薩本願經 (19卷)